Jeanine Guion
Orthophoniste
Jean Guion
Docteur ès Sciences de l'éducation, I. E. N.

CP

Ratus et ses amis

MÉTHODE DE LECTURE

C'EST OLIVIER VOGEL QUI M'A DESSINÉ.
RATUS

Hatier

La méthode *Ratus et ses amis* met à la disposition de votre C.P. **quatre outils pédagogiques complémentaires**, parfaitement indépendants, pour apprendre à lire et à s'exprimer :

■ **Le manuel** regroupe tous les éléments dont vous avez besoin pour le travail de base en classe :
– des textes et des illustrations pour les activités de compréhension ;
– des phrases, des mots et des syllabes pour la découverte et la maîtrise de la combinatoire ;
– des révisions régulières.

■ **Le cahier de lecture** propose 350 exercices pour l'entraînement individuel et le soutien. (*cf.* p. 124)

■ **Les deux cahiers d'expression**, d'écriture et d'orthographe pour apprendre à s'exprimer avec aisance par écrit. (*cf.* p. 124)

■ **Les premiers livres** de la bibliothèque de Ratus (**Ratus poche** Jaune) : pour apprendre à lire en lisant ! (*cf.* p. 125)

Enfin, pour vous aider dans votre travail : **un guide pédagogique**, un abondant **matériel complémentaire** et **le livre de lecture courante** *Ralette et ses amis*. (*cf.* pp. 126-127).

La méthode *Ratus et ses amis* a été conçue pour permettre différentes démarches pédagogiques : vous êtes **libre de choisir** celle qui correspond le mieux à votre sensibilité :
– une approche « naturelle » qui part d'un texte d'enfant, élaboré à partir des dessins et des personnages ;
– une approche « globale » qui part des histoires du livre ;
– une approche « phonétique » ou « synthétique » qui part de l'étude du phonème ou du graphème ;
– toute approche «mixte» à partir, par exemple, de la phrase modèle de chaque leçon ou des mots contenant le graphème étudié.

Cet ensemble à la fois moderne et original fait appel à **l'imaginaire** : les aventures de Ratus, l'affreux rat vert, passionnent les enfants. Entre vos mains et avec votre savoir-faire, Ratus et ses amis suscitent le plaisir d'apprendre et mènent vos élèves à la réussite.

Les auteurs, Jeanine et Jean Guion, sont aussi les auteurs de la méthode O.R.T.H. qui offre pour toutes les classes, du C.P. à la troisième, un apprentissage systématique et progressif de l'orthographe.

CONCEPTION GRAPHIQUE : YVETTE HELLER / MISE EN PAGE : ATELIER JMH
ISBN: 978-2-218-07370-0   © HATIER PARIS JANVIER 1994
Toute représentation, traduction, adaptation ou reproduction, même partielle, par tous procédés, en tous pays, faite sans autorisation préalable est illicite et exposerait le contrevenant à des poursuites judiciaires. Réf. : loi du 11 mars 1957.

Le manuel

Un manuel très clair,

Souple d'emploi,
au service de vos choix personnels ; il met à votre disposition l'ensemble des éléments nécessaires au travail collectif ou semi-collectif réalisé en classe.

Dans le livre du maître : description de cinq démarches pédagogiques différentes, et des exercices possibles à partir du manuel *Ratus et ses amis*.

RATUS ET SES AMIS

- Comprendre et s'exprimer
- Analyse auditive et visuelle
- Entraînement
- Lire et comprendre (lecture critique)
- Synthèse et expression (mots nouveaux)
- Lire et comprendre
- Analyser
- Remarques pédagogiques
- Lecture et écriture

> « Lire, c'est comprendre. »
> « La maîtrise de la combinatoire (…) est nécessaire… »
> Instr. Officielles

- Des textes et des illustrations qui permettent de centrer le travail sur la compréhension.
- Des phrases, des mots, des syllabes, pour la découverte et la maîtrise de la combinatoire.
- Le manuel *Ratus et ses amis* contient aussi 8 leçons de révision (16 pages de révision).

Description du matériel complémentaire page 124.

Il était une fois un bon grand-père chat qui avait deux petits-enfants. Ils aimaient rire, jouer, lire et dormir.

| découverte des personnages - vérification des compétences | Cahier : pages 4 à 7 |

- Présenter le cadre dans lequel vont évoluer les personnages des histoires : commencer par lire les trois lignes ci-dessus, puis laisser les enfants commenter le grand dessin.
- Vérifier que certaines notions de base pour l'apprentissage de la lecture sont bien acquises :
  – savoir ce qu'on appelle **le haut et le bas sur une page** de livre ou de cahier (Que voit-on en haut de la page, en bas de la page ? etc.). En cas de difficultés, mettre le livre debout sur la table pour repérer le haut de la

Tous les trois vivaient heureux dans une jolie maison. Mais ils avaient pour voisin un affreux rat vert...

page, puis l'incliner progressivement jusqu'à ce qu'il soit à plat, de façon à bien comprendre les notions de haut de page et de bas de page.
– bien distinguer la **droite** de la **gauche** (Que voit-on à gauche de la page ? à droite de la page ? Que voit-on à gauche du mur de séparation ? à droite de l'arbre ? si on va de la gauche vers la droite ? etc.).
– savoir suivre le **sens conventionnel de la lecture** : gauche ⟶ droite, avec retour à la ligne à gauche (cf. exercices du cahier p. 6 et 7).

marou

marou est un chat.
ratus est un rat.

m**a**rou	r**a**tus
un ch**a**t	un r**a**t
a	**a**

est   un

marou est un chat.

a ɑ A

marou est un chat.   *a*

graphème « a »   **Cahier : page 8**

- Autres mots à partir du dessin : arbre, ballon, sac, nappe, cartes, tartine, fromage…
Bien faire observer les deux dessins possibles du « a » minuscule.

- Ne pas confondre le graphème « a » (qui correspond au phonème / a /) et la lettre « a », dessin qui peut se combiner avec d'autres lettres (ai, au, ain, ay, an…).

mina

mina est avec marou.
marou est son ami : il rit.

m**i**na	**i**l
son am**i**	r**i**t
i	**i**

avec   il

▸ son ami rit.
▸ marou rit.

il est avec mina.   i   I

il est avec mina.   *i*

graphème « i »   Cahier : page 9

- Utiliser les possibilités du dessin qui a été conçu pour faciliter l'expression des enfants. On peut partir de là pour l'écoute du son / i /.
- Veiller à l'acquisition globale des mots-outils (« un », « est », « il », « avec » p. 6 et p. 7). Le phonème / i / est représenté, dans 99 % des cas, par le graphème « i ».

belo

belo est un chat.
il est gros.
il a une moto.

belo   une m**o**to
gr**o**s   **o o**
o

| un | une |

▶ belo est un gros chat.
▶ marou est avec belo.

belo a une moto.   o   O

belo a une moto.   o

---

graphème « o »   Cahier : page 10

- On peut partir d'une des histoires proposées par les élèves à partir du dessin.
- Faire écouter les variations du son /o/ qui dépendent des mots et des accents régionaux. Trois fois sur quatre, les sons /o/ sont représentés par le graphème « o ». C'est cette régularité qui doit d'abord être bien connue des enfants.

le vélo

mina a un vélo.
mina joue dans le pré
avec son vélo.

| un vélo |
| le pré |
| é |

dans

le

▸ mina est dans le pré.
▸ marou joue avec mina.
▸ il est son ami.

le vélo est dans le pré.   é É

le vélo est dans le pré.   *é*

graphème « é »   Cahier : page 11

- Bien vérifier que le phonème /e/ est identifié, en particulier pour les mots représentés dans le dessin (vélo, pré, cheminée, église, numéro, échelle, lézard, fossé...).
- Faire remarquer sa forme en deux parties (corps de la lettre + accent).

ratus

ratus a une moto.
il est dans la rue.
il a vu belo.

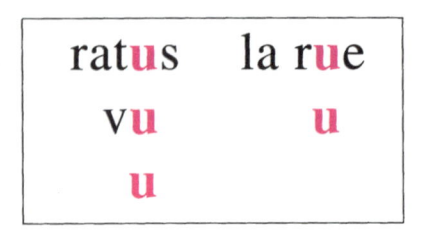

ratus	la rue
vu	u
u	

le   la

▸ belo est dans la rue.
▸ le rat a vu le gros chat.
▸ il a une moto.

ratus est dans la rue.   u U

ratus est dans la rue.   *u*

graphème « u »   Cahier : page 12

• Il est possible que des enfants reconnaissent « u » (la lettre) dans des mots déjà appris : Marou, joue, un. Habituer les élèves à se référer à l'oral pour vérifier leurs observations : on n'entend pas le son /y/ quand on prononce « Marou ».

un joli cheval

belo est revenu.
il a acheté un joli cheval
pour marou et pour mina.

b**e**lo	ach**e**té
r**e**v**e**nu	ch**e**val
e e	e

et

pour

▸ il est revenu avec un cheval.
▸ le cheval est joli.

le cheval est pour marou.   e   E

le cheval est pour marou.   e

graphème « e »   Cahier : page 13

- Comparer la forme du « e » à celle de « é ».
- Observer l'instabilité du « e » à l'oral (on dit « cheval », mais aussi « ch'val »). En fin de mot, le « e » est muet.

révision 1

1 Reconnais-tu bien ces mots-clés ?

m**a**rou   m**i**na   bel**o**
un v**é**lo   r**a**t**u**s   un ch**e**val

2 Reconnais-tu très vite ces lettres ?

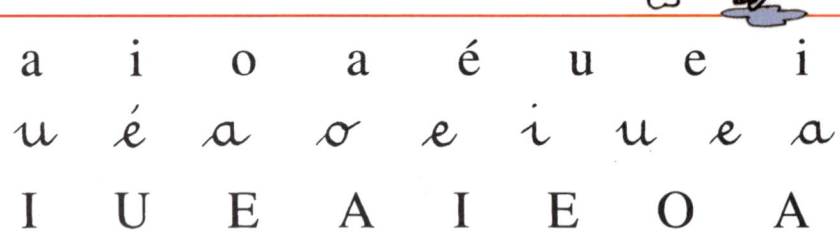

a   i   o   a   é   u   e   i

u   é   a   o   e   i   u   e   a

I   U   E   A   I   E   O   A

3 Peux-tu lire ces mots ?

belo   mina   marou   ratus
un vélo   un rat   son ami

gros   il est gros
joli   il est joli

il joue   il rit
il a   il a vu   il a acheté
il est   il est revenu

---

révision des voyelles simples | Cahier : contrôle 1

- Les mots-clés sont des mots de référence, destinés à aider la mémoire. Ils sont particulièrement utiles pour certains enfants (ex. le « i » de mina, le « e » de cheval, etc.). On peut en choisir d'autres, en fonction des situations rencontrées en classe. Une place leur est réservée dans le cahier où l'élève peut écrire ces mots.
- Les mots-outils (environ 50 % des mots de tout texte) doivent être acquis très tôt dans l'apprentissage. Ceux de l'exercice 4 feront l'objet d'une lecture aussi rapide que possible, dans l'ordre et dans le désordre.

4 **Sais-tu lire très vite ces mots-outils ?**

un   une   le   la   dans

avec   il   et   pour   est

5 **Sais-tu lire cette histoire ?**

le rat ratus a une moto.
belo a vu la moto
dans la rue.
il rit avec marou
et avec mina.

6 **Sais-tu lire cette histoire ?**

marou est revenu
dans le pré.
il joue avec le vélo.
mina joue avec le cheval.

la farine

marou a fini la tarte :
elle est dans le four.
mina a acheté de la confiture.
elle rit : marou a de la farine
sur la figure !

---

graphème « f » Cahier : pages 14-15

- Le phonème / f / est facile à percevoir car il peut se prolonger : prononcez « fffarine ».
- Dans 95 % des cas, le phonème / f / est représenté par le graphème « f » (parfois par « ff ») ; « ph » sera étudié page 66. Un élève peut remarquer que le dessin « f » ne se trouve pas dans son prénom, bien qu'il entende le son / f / (Sophie, Stéphane…). Se limiter alors à une simple observation : la priorité est d'apprendre à reconnaître le graphème de base. Il est préférable de ne pas surcharger la mémoire en début d'apprentissage.

f	f	f
farine	confiture	carafe
figure	café	œuf

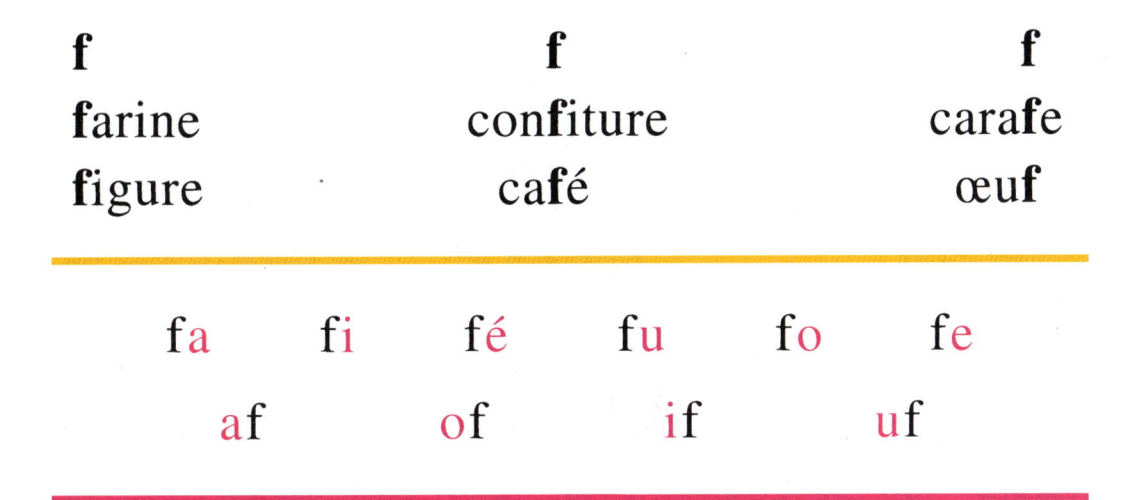

fa fi fé fu fo fe

af of if uf

elle   de   sur

vrai / faux

1. elle a acheté de la confiture.
2. la confiture est sur la tarte.
3. marou a de la confiture sur la figure.
4. mina a vu marou : elle rit.
5. mina a acheté une tarte.

le café est pour belo.   f F

le café est pour belo.   *f*

15

ratus sucre la salade

ratus est resté au soleil :
il sucre sa soupe, sa salade
et son fromage !
il sale son sirop.
il est devenu fou !

graphème « s » Cahier : pages 16-17

- Il existe en français deux graphèmes « s », l'un renvoyant au phonème / s /, l'autre au phonème / z /. Le premier phonème est 9 fois plus fréquent que le second. Dans 7 cas sur 10, le phonème / s / se transcrit par le graphème de base « s » (ou « ss »).

- Dans le cadre d'un exercice « vrai / faux », la lecture des phrases de droite permet de vérifier la compréhension du texte de gauche, du dessin et des phrases elles-mêmes.

s	s	s
sucre	resté	ratus
salade	assis	os

su sa si so se sé

us as os is

au sa son

vrai / faux

1. ratus est dans le pré.
2. il est assis.
3. le rat est au soleil.
4. ratus sucre sa salade.
5. le rat sale son sirop.
6. son fromage est au soleil.
7. ratus sale son fromage.

il est resté au soleil.   s S

il est resté au soleil.   *s*

17

à la pêche

il fait chaud.
ratus a mis un chiffon sur sa tête.
il pêche.
il a une touche.
– au secours ! dit ratus,
c'est un poisson-chat !

graphème « ch » Cahier : pages 18-19

- Le graphème « ch », présent dans de nombreux mots familiers aux enfants, est régulier et facile à reconnaître, bien qu'il soit composé de deux lettres. Comme le son / f /, le son / ʃ / peut se prolonger : chchchat.

- « Fait », « dit », « c'est » seront appris globalement, car les enfants en ont besoin très tôt pour les activités d'expression écrite.

- En présentant le graphème « ch » dans des syllabes normales puis inversées (comme pour « f » et « s »), on habitue l'enfant dès le début à bien tenir compte de l'ordre des lettres.

ch	ch	ch
chat	a**ch**eté	pê**ch**e
cheval	ma**ch**ine	va**ch**e

cha   che   chi   cho   chu   ché

ach   och   uch   ich

fait   dit   c'est

vrai / faux

1. il fait chaud dans le pré. V
2. ratus pêche au soleil. V
3. le rat a vu un poisson. V
4. il dit : – c'est un gros chat ! F
5. c'est ratus : il a un chiffon sur la tête. V
6. le cheval pêche avec ratus. F

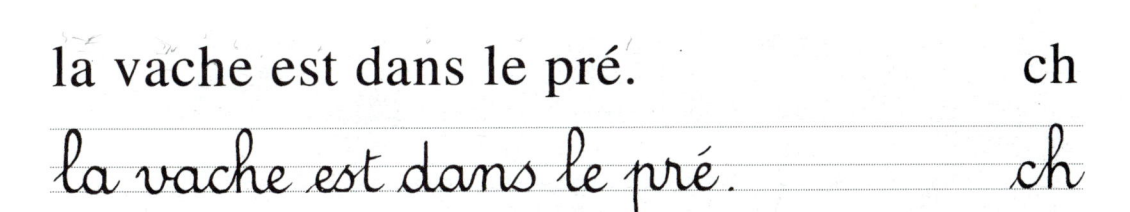

la vache est dans le pré.   ch

la vache est dans le pré.   *ch*

les olives

un jour, ratus a volé des olives
dans la cave de belo.
ratus a avalé les olives.
il a été puni :
il est devenu vert.

graphème « v »   Cahier : pages 20-21

- Faire sentir les vibrations des cordes vocales pour le phonème / v / (doigts posés sur le cou). Ces vibrations sont la seule différence entre le phonème sonore / v / et le phonème sourd / f /. Certains enfants perçoivent difficilement cette différence.
- Faire chercher des mots contenant les syllabes normales et inversées de la page 21.

v	v	v
volé	avalé	olive
vert	devenu	cave

vo   va   ve   vi   vu   vé

iv   av   ov   uv

des   les

vrai / faux

1. belo a acheté des olives.
2. il a mis les olives dans sa cave.
3. ratus est dans la cave.
4. c'est la cave des rats.
5. le rat avale les olives de belo.
6. le rat est puni : il est devenu vert.
7. ratus a avalé le café de belo.

ratus est un rat vert.   v   V

ratus est un rat vert.   *v*

dans le jardin

marou joue avec mina
dans le jardin.
marou a joué fort !
la balle tombe juste
sur la tête de ratus
qui lit son journal.

graphème « j » Cahier : pages 22-23

- Le phonème correspondant au graphème « j » est sonore. Seules les vibrations des cordes vocales le distinguent de /ʃ/ qui est sourd. Faire percevoir ces caractéristiques aux élèves.

- Le graphème de base « j » correspond toujours au son /ʒ/. Une fois sur deux, on peut trouver une autre écriture pour ce même son (dans : gentil, girafe), mais la lettre « g » peut également renvoyer au phonème /g/ (dans : garçon, figure…). Mieux vaut donc commencer par le graphème « j » et donner aux élèves des points de repère simples et stables.

j
joue
jardin
joli

j
pyjama

j**o**   j**u**   j**a**   j**e**

qui   je

vrai / faux

1. c'est marou qui joue avec mina.
2. c'est mina qui a une jolie jupe.
3. – je joue avec mina ! dit ratus.
4. c'est ratus qui a mis un pyjama.
5. qui est dans le jardin ? c'est belo.
6. qui lit le journal ? c'est le rat vert.
7. – je joue dans le jardin, dit ratus.

mina a une jolie jupe.   j J

mina a une jolie jupe.   *j*

23

la moto qui fume

c'est marou qui a réparé la moto.
– le moteur marche bien,
   a dit le rat vert.
mais sur le chemin,
la moto de ratus fume
comme une cheminée !

graphème « m »   Cahier : pages 24-25

- Faire observer que le phonème / m / se dit les lèvres fermées. Faire sentir les vibrations du larynx en posant les doigts sur le cou, ainsi que le passage de l'air par le nez, en mettant un doigt sur chaque narine.
- Bien faire tracer dans l'espace les trois jambages du « m », tout en les comptant.

m	**m**	**m**
moto	che**m**in	fu**m**e
marche	che**m**inée	co**mm**e
ma**m**an	ma**m**an	

ma mo mi mu me mé

mais   comme

vrai / faux

1. marou a réparé la moto de ratus.
2. – ma moto marche, a dit le rat vert.
3. il va dans le pré, mais avec sa moto.
4. la moto fume comme une cheminée.
5. mina marche sur le chemin.
6. c'est ratus qui rit comme un fou.
7. – je joue à la maman, dit mina.

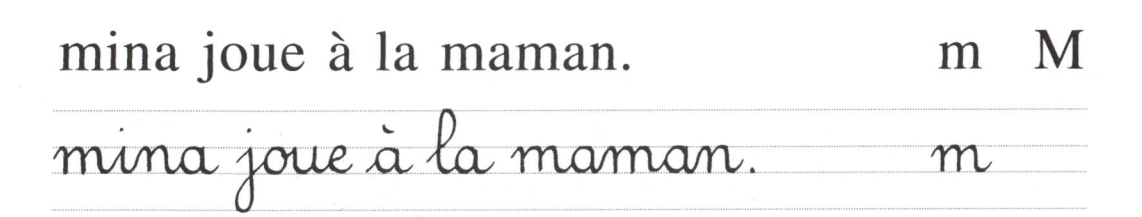

mina joue à la maman.   m M

mina joue à la maman.   *m*

révision 2

1 Reconnais-tu bien ces mots-clés ?

le four   une salade   un chat
vert   une jupe   une moto

2 Peux-tu lire ces syllabes très vite ?

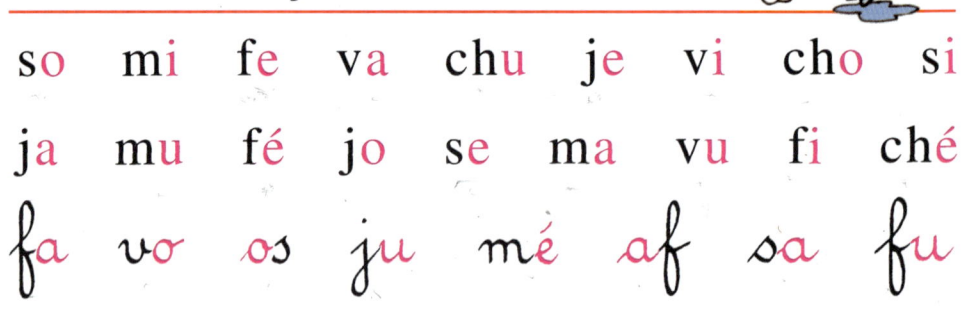

so   mi   fe   va   chu   je   vi   cho   si
ja   mu   fé   jo   se   ma   vu   fi   ché
fa   vo   os   ju   mé   af   sa   fu

3 Connais-tu ces mots ?

un os   le sucre   la figure
un vélo   le café   un journal
assis   des olives   une machine
fort   une vache   une cheminée
il pêche   elle joue   il marche   elle fume

4 Peux-tu lire très vite ces mots-outils ?

des   les   son   sur   mais   de   je   sa
elle   comme   au   les   c'est   qui

---

révision des graphèmes : f, s, ch, v, j, m   Cahier : contrôle 2

• Il faut que la reconnaissance des graphies de base soit instantanée si l'on veut obtenir une perception fine et rapide des mots. C'est pourquoi les syllabes de l'exercice 2 doivent être lues dans l'ordre et dans le désordre, avec le maximum d'aisance et de rapidité.

5 **Sais-tu lire ces phrases ?**

▹ marou est au soleil : comme il a chaud !
▹ c'est ratus qui a volé les olives.
▹ comme elle est jolie, la jupe de mina !
▹ il a une moto, mais elle fume.
▹ – je joue avec son vélo sur le chemin.
▹ – à qui est le vélo ? à mina.

6 **Sais-tu lire cette histoire ?**

mina est dans le jardin.
elle a préparé le café pour belo.
il est assis au soleil
et il lit le journal.
il fait chaud, mais il a mis
un chiffon sur sa tête.
marou a fait une tarte.
il a mis de la confiture
sur la tarte.
– le café fume, dit belo.

un repas réussi

– Le repas sera réussi, dit Belo.
J'ai ramassé des radis dans le jardin
et j'ai acheté un rôti.
Mina a préparé une tarte.
– Le fromage a disparu ! crie Marou.
C'est Ratus qui a volé le fromage.

graphème « r »   Cahier : pages 26-27

• Les élèves peuvent lire les mots qui figurent en bas des pages de droite au moyen des règles de combinatoire déjà découvertes. On veillera à ce que ces mots soient bien compris. Faire trouver des phrases qui les contiennent.

• Les difficultés du tout début de l'apprentissage étant levées, les majuscules sont introduites à partir de cette leçon.

r	**r**	**r**
repas	jardin	four
radis	tarte	confiture
réussi	disparu	

ra ré ro ri ru re
ar or ur ir

j'ai

vrai / faux

1. – J'ai préparé une tarte, dit Mina.
2. Le rôti est dans le four.
3. La confiture sera sur la tarte.
4. – J'ai acheté du fromage, dit Marou.
5. C'est Belo qui a ramassé les radis.
6. Marou a vu Ratus dans le jardin.
7. Ratus a volé le fromage des chats.

| il rame | une ruche | un marché | rire |
| une mare | une revue | une armée | fort |

il a préparé le rôti.   r   R

il a préparé le rôti.   *r*

le rat tousse

Ratus se mouche et il tousse.
Il a les joues rouges.
Marou a fait du sirop pour le rat.
– Mais il est marron ! dit Ratus.
– Oui, c'est du sirop pour les poumons.
Et Ratus se cache sous le lit !

graphème « ou »   Cahier : pages 28-29

- Ce graphème est composé de deux lettres. Le texte ci-dessus permet de déceler d'éventuelles difficultés de perception visuelle (confusion « ou » / « on », cf. Marou, marron, poumons).
- Exercice pour améliorer la mémoire immédiate : faire redire de mémoire à l'élève la phrase qu'il vient de lire. S'entraîner à mémoriser ainsi des phrases de plus en plus longues.

ou	ou	ou
oui	se mouche	Marou
ouvre	rouge	joue
	tousse	sous

sou   chou   vou   jou   fou   mou   rou

du   sous

vrai / faux

1. C'est Mina qui se mouche.
2. Marou a préparé du sirop pour Ratus.
3. Le sirop pour le rat est marron.
4. Ratus a avalé le sirop du chat.
5. Le rat vert va sous le lit.
6. Mina a vu le rat qui tousse.
7. C'est Marou qui a les joues rouges.

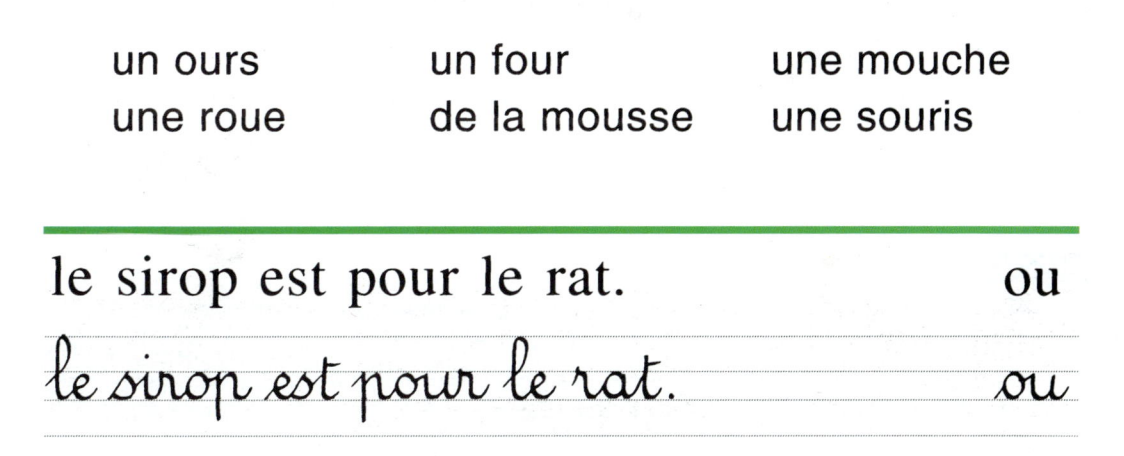

| un ours | un four | une mouche |
| une roue | de la mousse | une souris |

le sirop est pour le rat.   ou

le sirop est pour le rat.   ou

sur la lune

Dans le journal, Belo a lu
que Ratus est allé sur la lune.
Le rat vert est revenu
avec une grosse malle.
– La lune est un fromage, dit Ratus.
   J'ai ramassé des fromages de lune.
Belo a bien ri !

graphème « l »   Cahier : pages 30-31

• Utiliser la prononciation ralentie pour aider les élèves à bien percevoir la succession des phonèmes. Chaque phonème du mot est prolongé. Ex. lune → llluuunnn(e).

• En caractère d'imprimerie, le i majuscule est souvent identique au l minuscule. Habituer les enfants à utiliser des indices pour se repérer : la référence au sens, la position dans le mot ou dans la phrase, etc.

l	l	l
lune	Belo	journal
lit	allé	malle

le lu li la lo lou

al ol ul il

que   à

vrai / faux

1. Ratus dit qu'il a ramassé des fromages sur la lune.
2. Belo dit que la malle de Ratus est jolie.
3. Ratus a mis des fromages de lune dans sa malle.
4. Belo dit que la lune est grosse.
5. Le rat dit que la lune est un fromage.
6. Belo a lu que Ratus est allé sur la lune à vélo.

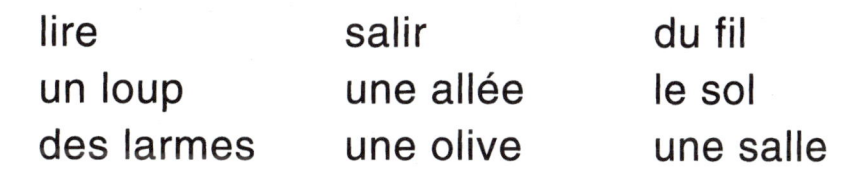

lire	salir	du fil
un loup	une allée	le sol
des larmes	une olive	une salle

Belo lit le journal.   l   L

Belo lit le journal.   l

33

la nuit

C'est la nuit.
Ratus est dans la cuisine de Belo.
Il est passé par la petite fenêtre.
Le rat a fini la limonade.
Il a avalé la farine.
Il est devenu si gros
qu'il ne peut pas sortir !

graphème « n » Cahier : pages 32-33

• Faire observer la forme du « n » et ce qui la différencie de celle du « m ».
• Les phrases de la page de droite permettent d'habituer les élèves à une lecture critique. Sont-elles vraies ou fausses si on se réfère au dessin et au texte de la page de gauche ?

n	**n**	**n**
nuit	fe**n**être	cuisi**n**e
ne	limo**n**ade	fari**n**e
nappe	jour**n**al	lu**n**e

n**u**   n**e**   n**a**   n**i**   n**o**   n**é**   n**ui**   n**ou**

ne … pas   par

vrai / faux

1. Le jour, Ratus est allé dans la cuisine de Belo.
2. Le rat vert a joué avec la farine.
3. Ratus ne lit pas le journal de Belo.
4. Il a avalé la limonade et la farine.
5. Ratus va sortir par la fenêtre, mais il est devenu si gros qu'il ne peut pas !
6. Le rat a fini la banane du chat.
7. Le rat vert ne rit pas.

une niche	un menu	minuit	un âne
se nourrir	un animal	énorme	la lune
normal	une année	une journée	la farine

Ratus a fini la farine.   n   N

Ratus a fini la farine.   *n*

35

Ratus et l'arête

Marou pêche dans la rivière.
Ratus lui a volé un poisson
et il l'a avalé.
– Au secours ! j'étouffe ! dit Ratus.
J'ai avalé une arête !
– J'ai un remède, dit Belo qui arrive.
Marche la tête en bas
pour faire sortir l'arête.

graphèmes « è » et « ê » Cahier : pages 34-35

- Pour « è », faire observer la direction de l'accent (par référence à « é », déjà connu).
- Sur 10 graphèmes représentant le phonème /ɛ/, 1 correspond à l'un des deux graphèmes « è » ou « ê » (contre 3 pour « ai », 6 pour « e + consonne »…). « è » et « ê » sont les plus simples à reconnaître et à mémoriser. Ce premier apprentissage réussi, il sera ensuite facile de présenter les autres graphèmes plus fréquents.

ê	è
pêche	rivière
tête	remède
arête	lièvre

pê	tê	rê	mê	fê	vê	nê	chê
mè	pè	sè	chè	lè	rè		

lui   en

vrai / faux

1. Le rat a avalé une arête de poisson.
2. Belo a un remède pour lui.
3. Si Ratus marche la tête en bas, l'arête va sortir.
4. Le rat vert a vu le poisson que Marou a pêché.
5. Il lui a volé le poisson.
6. Marou a mal à la tête.
7. Belo a vu Ratus qui étouffe avec l'arête.
8. Belo n'a pas de remède pour le rat vert.

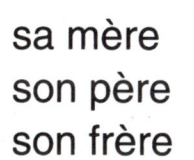

sa mère	sèche	une forêt
son père	un élève	un chêne
son frère	une mèche	un rêve

il pêche dans la rivière.   ê è

il pêche dans la rivière.   ê è

le roi des rats

Ratus est à la foire.
Il est fou de joie. Il crie :
– C'est moi le roi des rats,
   j'ai gagné un énorme fromage !
Ratus l'a mis sur sa moto.
Il s'assoit sur le fromage.
– Pour pouvoir partir, dit Belo,
   il va falloir que Ratus
   mange son fromage !

graphème « oi »   Cahier : pages 36-37

- Le graphème « oi » est un ensemble formé de deux lettres et qui correspond à un groupe de deux phonèmes. De par sa régularité, il est facile à retenir.
- Les syllabes directes et inversées de la page de droite se rencontrent toutes dans des mots. Il est important d'apprendre à les reconnaître instantanément pour accélérer la lecture. Pour cela, faire chercher des mots qui les contiennent : noisette, toile, coiffeur, noir, etc.

oi   **oi**
f**oi**re   j**oi**e
p**oi**sson   m**oi**
fall**oi**r   r**oi**

n**oi**   j**oi**   ch**oi**   s**oi**   m**oi**   v**oi**
l**oi**   r**oi**   f**oi**   **oi**r   **oi**l   **oi**f

vrai / faux

1. Le rat vert crie de joie.
2. Ratus dit qu'il est le roi de la foire.
3. Ratus a mis le gros fromage sur sa moto.
4. Marou est à la foire avec Mina.
5. Le rat vert a gagné un énorme poisson.
6. Belo voit Ratus qui est assis sur le fromage.
7. La roue de la moto est un énorme fromage.
8. Marou voit le rat vert qui est sur le fromage.

une oie   une voile   un miroir
un mois   avoir soif   un mouchoir
le soir   une soirée   une armoire

il est le roi des rats.   oi

révision 3

1 **Reconnais-tu bien ces mots-clés ?**

un radis   rouge   la lune   la nuit

une rivière   la pêche   un roi

2 **Peux-tu lire ces syllabes très vite ?**

ra	lu	ni	noi	vou	mè	rê	sou	our
oif	jou	ar	chê	rou	nou	ro	mê	
fê	lou	rè	na	ul	choi	or	foi	

3 **Connais-tu ces mots ?**

le soir	un radis	du sirop	la cuisine
un rôti	les joues	un élève	un mouchoir
la joie	le journal	une valise	un remède
la tête	la forêt	la fenêtre	la limonade

4 **Te rappelles-tu ?**

▸ qui a ramassé des radis ?
▸ qui a avalé la farine ?
▸ qui a fait du sirop ?
▸ qui a préparé une tarte ?
▸ qui est allé sur la lune ?

révision des graphèmes : r, ou, l, n, è, ê, oi   cahier : contrôle 3

• Dans l'exercice 5, la lecture des mots-outils doit être instantanée. La présentation en colonne permet de faire un exercice de recherche rapide dans le texte. Les deux questions qui suivent servent à vérifier que l'histoire a été comprise.

5 **Révise les mots-outils avant de lire l'histoire.**

j'ai
c'est
lui
mais
ne   pas
que
par
en

– J'ai un gros chat noir.
Il a un ami :
c'est un petit chat roux.
Le chat noir lui a ramené
un joli poisson.
Mais le petit chat roux
ne mange pas le poisson
que le gros chat lui a ramené.
Je vois le petit chat
qui sort par la fenêtre
de la cuisine.
Je ramasse le poisson :
il est en chocolat !

1. Qui est l'ami du gros chat noir ?
2. Où est le poisson de l'histoire ?

le poste de Ratus

Ratus répare son poste
qui est en panne.
C'est une pile qui ne marche pas.
Ratus a sorti de sa poche un fil rouge
qu'il a passé dans la pile.
Il a ajouté de la poudre noire,
puis il tape sur la pile.
Tout part en fumée !

graphème « p »   Cahier : pages 38-39

• Bien faire observer la forme de « p », constituée d'une barre et d'un rond. Procéder au découpage de ces deux formes pour faire reconstituer « p ».

• Au graphème « p », correspond un son qui ne peut pas se prolonger. Il est donc plus difficile à percevoir. D'autre part, son dessin est très voisin de celui de « b », « d » et « q » : seule l'orientation diffère. Ne pas présenter une autre de ces lettres tant que « p » ne sera pas parfaitement connu par tous les élèves.

p	**p**	**p**
poste	ré**p**are	ta**p**e
panne	é**p**ée	na**pp**e
pile	**p**a**p**a	lou**p**e

pi   pé   pa   pu   po   pe   pê

pou   poi   ap   oup   up

vrai / faux

1. Dans sa poche, Ratus a du fil rouge.
2. C'est la moto de Ratus qui est en panne.
3. Le rat tape sur la pile, puis tout part en fumée.
4. La fumée est noire, comme la poudre.
5. Ratus n'a pas réparé son poste.
6. Sur le mur, le rat vert a mis une épée.
7. Ratus a mis une poule sur la nappe.

une poire	une poupée	une jupe
des pommes	une vipère	la soupe
une pêche	une épine	une écharpe
une poule	des épinards	il jappe

Ratus répare la pile.   p   P

Ratus répare la pile.   *p*

la voiture dans le pré

Ratus a voulu une voiture
qui roule vite.
Il a fait des tours de piste.
Mais la voiture a touché un mur
et elle est sortie de la route.
Elle est sur le toit, dans le pré.
Ratus sort la tête de la voiture :
il a les moustaches toutes noires.

graphème « t »   Cahier : pages 40-41

- Le phonème / t / est toujours transcrit par « t » ou « tt ». Faire observer l'absence de vibrations laryngées en posant un doigt sur le cou quand on dit / t /.
- « t » peut être muet : des exemples figurent dans le texte (toit, il sort,…). Le sens et la lecture à haute voix permettront de les découvrir (cf. exercice n° 5 du cahier, p. 41 et la leçon sur les lettres muettes p. 58).

t	t	t
tour	Ratus	vite
touché	voiture	piste
toit	sortie	route
tête	moustache	tête

tu ta tou ti to toi tê te té tui

vrai / faux

1. La voiture de Ratus ne roule pas vite.
2. La voiture a un numéro.
3. La voiture du rat vert est allée dans le pré.
4. Ratus a roulé si vite que sa voiture est sortie de la piste.
5. Ratus a mal à la tête et il a les moustaches toutes noires.
6. La voiture du rat vert est restée sur la route.
7. Marou arrive, puis il arrose Ratus avec de la mousse.
8. Mina est sur la route, dans la voiture de Ratus.

une tasse	utile	une fête
une tache	attaché	un pilote
une tulipe	un matelas	une chatte
des tuiles	une histoire	les pattes

la voiture roule vite.   t   T

la voiture roule vite.   *t*

le cacao de Belo

Mina court dans le jardin.
Elle joue à cache-cache avec Marou.
Il est caché contre le mur de la cuisine.
Mina arrive. Alors, Marou recule,
juste comme Ratus sort avec une casserole.
Patatras ! la casserole tombe.
Belo est en colère. Il crie :
– Mon cacao ! Mon cacao !

graphème « c »   Cahier : pages 42-43

• Suivant sa position dans le mot, la lettre « c » peut représenter deux phonèmes : / k / et / s /. À ce stade de l'apprentissage, seul est retenu le graphème « c » avant « a », « o » ou « u ». C'est lui qu'il faut d'abord bien observer et mémoriser pour préparer les apprentissages ultérieurs (« cr », « cl » ; puis « que », « qui » ; puis « ce », « ci » et « ç »).

c
caché
cuisine
colère

c
recule
cacao
chocolat

c
avec
sac
hamac

ca co cu cou coi cui
ac ic oc uc

vrai / faux

1. Le rat vert est allé dans la cuisine de Belo.
2. Marou joue à cache-cache avec Ratus.
3. Marou a reculé et il a poussé le rat vert.
4. Ratus a volé le café de Belo.
5. Belo est en colère car c'est son cacao qui est dans la casserole.
6. C'est Mina qui est cachée contre le mur.

courir
un canapé
une culotte
un couloir

écoute
une école
une sacoche
une écurie

un lac
un pic
un roc
un choc

Belo crie : – Mon cacao ! c C

Belo crie : – Mon cacao ! *c*

47

l'idée de Marou

Ratus dit que sa moto n'est pas rapide.
– J'ai une idée ! dit Marou.
Donne-lui des vitamines, et elle ira vite.
Alors, Ratus a acheté un bidon de vitamines.
Il l'a vidé dans le moteur,
puis le rat vert a démarré.
Sa moto bondit dans le pré.
Elle fait des ruades comme un cheval !

graphème « d »   Cahier : pages 44-45

- Même travail d'observation de la forme « d » que pour « p ».
- L'histoire des vitamines permet de préparer les élèves à une lecture critique : on ne donne pas de vitamines à une moto, sauf si on choisit d'appeler ainsi l'essence…

d	**d**	**d**
dit	i**d**ée	rapi**d**e
donne	vi**d**é	vi**d**e
démarre		rua**d**e

di dé do du de da doi dou

vrai / faux

1. La moto du rat vert ne va pas vite.
2. La moto de Ratus est en panne sur le chemin.
3. Le rat vert a mis un bidon de vitamines dans le moteur.
4. On ne donne pas de vitamines à une moto.
5. La moto de Ratus roule sur la route.
6. Ratus est assis sur une moto qui fait des ruades.

depuis	découpé	samedi	solide
dessus	une dame	fidèle	le coude
dessous	un devoir	une maladie	la mode
demi	une dictée	un modèle	un remède
déjà	un domino	un radis	une pommade

la moto fait des ruades.   d   D

la moto fait des ruades.   *d*

les moucherons

Des moucherons sont tombés
dans la confiture de Ratus.
– C'est sale ! a dit le rat vert.
Il a tapé sur les moucherons.
La confiture a taché tout le salon,
et les moucherons ont disparu.
Non ! ils sont sur la tête de Ratus !

graphème « on » Cahier : pages 46-47

- On sent passer l'air en mettant le pouce et l'index de chaque côté des narines au moment où l'on prononce / ɔ̃ /. Faire observer le dessin du graphème « on » formé de deux lettres. Le faire distinguer de « ou », par exemple dans « moucheron, mouton, ourson ».

- Le graphème « on » s'écrit « om » dans certaines positions : avant b, p et m. « om » n'est qu'une variante du graphème de base « on ».

on	**on**	**on**
o**n**t	c**on**fiture	moucher**on**
	m**on**tre	sal**on**
		n**on**
	om	s**on**t
	t**om**bés	marr**on**

ron lon ton fon chon von jon mon

tom   pom   rom   som   nom

vrai / faux

1. Ratus dit que les moucherons sont sales.
2. Le rat vert chasse les moutons dans le salon.
3. Où sont allés les moucherons ? Ils sont allés sur la tête du rat vert !
4. Les moucherons ont de la confiture sur les pattes.
5. Ils ont mis de la confiture sur la tête de Ratus.
6. Ratus chasse les mouches avec un chiffon.

un chaton	un mouton	un ourson
un melon	un savon	un pont
un poisson	une maison	une réponse
polisson	le talon	un rond

des moucherons sont tombés.   on   om

des moucherons sont tombés.   on om

le bonbon vert

Victor est venu boire le café avec Belo.
À côté des tasses,
il y a une grosse boîte de bonbons.
Victor se lèche les babines.
Il a choisi un gros bonbon vert.
Ratus est caché par le buisson : il ricane.
Victor est tombé sur le bonbon salé
que le rat vert a mis dans la boîte !

---

graphème « b »   Cahier : pages 48-49

- Avec la barre et le rond découpés lors de l'étude de « p », faire reconstituer « b ». Comparer les formes de « b », de « p » et de « d ».
- La distinction de « p » et « b » est difficile : ces deux graphèmes se ressemblent visuellement et ils correspondent à deux phonèmes voisins qui ont une seule différence entre eux : vibration des cordes vocales pour / b /, absence de vibration pour / p /.

b	**b**	**b**
boire	ba**b**ines	ro**b**e
bonbon	bon**b**on	bar**b**e
buisson	tom**b**é	

ba bo bi be bé bu
bou bon bê boi bui

il y a

vrai / faux

1. Belo a une barbe toute noire.
2. Il y a des poires et des bananes dans la boîte.
3. Victor boit le café avec le chat Belo.
4. Le rat vert a mis un bonbon salé dans la boîte.
5. Victor a choisi un tout petit bonbon vert.
6. Ratus voit Victor qui choisit le bonbon salé.
7. Dans le jardin, il y a une robe qui sèche.
8. Il y a un petit tas de bûches à côté de la maison.

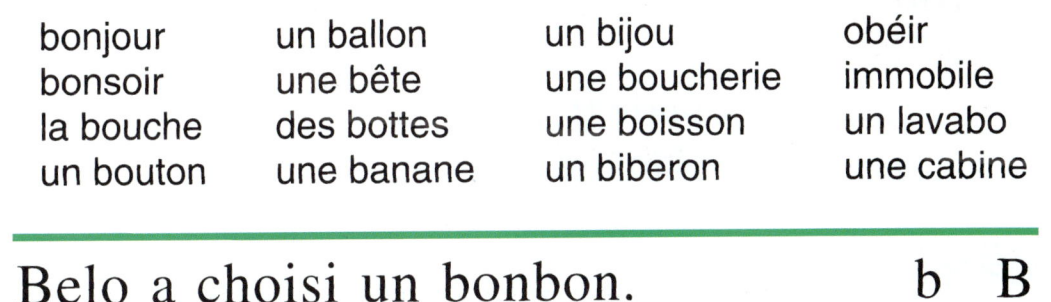

bonjour	un ballon	un bijou	obéir
bonsoir	une bête	une boucherie	immobile
la bouche	des bottes	une boisson	un lavabo
un bouton	une banane	un biberon	une cabine

Belo a choisi un bonbon.   b B

Belo a choisi un bonbon.   b

la gondole

Au repas du soir, Ratus s'est gavé de fromage.
La nuit, il rêve qu'il est sur une gondole.
Tout à coup, Ratus rame. Il est attaché
et on le bat. On voit de grosses gouttes
sur la figure du rat vert.
Alors, il s'évade par une galerie
et il arrive dans un égout.
– Au secours ! crie Ratus.
   Je ne suis pas un rat d'égout.

---

graphème « g » Cahier : pages 50-51

- Faire sentir les vibrations laryngées (un doigt sur le cou quand on dit « g »).
- Faire observer les deux formes imprimées de « g » (g, g), page 55.
- « g » est la forme de base de ce graphème que l'on rencontre suivi de « u » lorsqu'il est avant « e » ou « i ». Il faut assurer une parfaite reconnaissance de la forme de base « g » avant d'insister sur la variante « gu ».

g   **g**
gondole   é**g**out
goutte   fi**g**ure
galerie   escar**g**ot

ga   go   gu   gou   gon   goi

gou   gu   go   ga   goi   gon

vrai / faux

1. C'est la nuit. Ratus est dans son lit.
2. Il y a des gouttes sur la figure du rat vert.
3. Ratus crie : – Je ne suis pas un rat d'égout !
4. Au début, Ratus est dans une jolie gondole.
5. Ratus a fait un joli rêve.
6. Ratus a rêvé que Mina est montée sur la gondole.
7. Le rat vert a vu Marou dans la galerie.
8. Il y a un escargot dans l'égout, à côté de Ratus.

la gare	la gamme	égal	une virgule
au galop	des galons	une rigole	un ragoût
un goujon	une gamine	un légume	le regard
une gomme	un vagabond	on goûte	on se régale

Ratus est dans un égout.   g g G

Ratus est dans un égout.   *g*

révision 4

1 Reconnais-tu bien ces mots-clés ?

un poste   la voiture   la casserole   un dindon

la confiture   tombé   un bonbon   une gondole

2 Reconnais-tu très vite ces syllabes ?

pa   te   coi   tou   bi   ga   cou   toi
bon di   gu   pé   tom go   ba   gon
pi   ca   to   pon   bê   da   bou   pou

3 Connais-tu ces mots ?

une pile	vite	la tête	du chocolat
des tours	le toit	une piste	une gomme
le salon	la route	un bidon	en colère
la figure	un buisson	une boîte	des vitamines
des tasses	un repas	un égout	une sacoche

4 Reconnais-tu très vite ces mots-outils ?

alors   puis   il y a   dans   sur   qui
au   c'est   mais   par   pour   que   tout

révision des graphèmes : p, t, c, d, on, b, g.   Cahier : contrôle 4

- Insister sur les révisions jusqu'à ce que tous les élèves mémorisent bien les graphèmes étudiés et les reconnaissent sans hésitation. C'est la clé de la réussite.
- L'exercice n° 5 est l'occasion d'un rappel des histoires illustrées dans chaque leçon. Suivant les réponses des enfants, ne pas hésiter à faire relire certains textes.

5 Te rappelles-tu ?

▸ Qui a roulé vite sur la route ?
▸ Qui a taché tout son salon ?
▸ Qui a avalé un bonbon salé ?
▸ Qui répare son poste ?
▸ Qui a joué à cache-cache ?
▸ Qui a volé le cacao de Belo ?
▸ Qui a choisi un bonbon vert ?
▸ Qui est venu boire le café avec Belo ?

6 Sais-tu lire cette histoire ?

Belo et Marou sont à la gare. Mina arrive. Elle porte un gros sac. Elle dit bonjour à Belo et à Marou.
– Mais où est Ratus ? dit Mina.
Belo répond que le rat vert n'a pas pu venir.
Mais Marou raconte tout :
– Ratus fait une petite fête pour ton retour.
　Il prépare une tarte au fromage !

1. Où Belo et Marou sont-ils allés ?
2. Quel dessin montre ce que fait Ratus dans l'histoire ?

qui gagne la course ?

Marou et Mina font la course avec Ratus.
Belo a donné le signal du départ.
Ratus est en tête car il est passé
par un chemin plus court.
Juste avant la ligne d'arrivée, il se retourne
pour faire les cornes aux chats.
Alors Ratus tombe et c'est Mina qui gagne.
Le rat vert s'est cogné la tête !
Belo soignera sa bosse.

---

graphème « gn » ; lettres muettes : t, d, s...   Cahier : pages 52-53

- Faire rechercher les mots déjà connus qui contiennent des lettres muettes (rat, gros, rue, sirop, vert, etc.). Les trier en fonction de la lettre muette.
- Bien que composé de deux lettres, le graphème « gn » est facile à lire, dès lors qu'il est distingué de « gu » et de « gr », visuellement proches.

gn
signal
cogné

gn
ligne
soigne

gne   gna   gno   gnon   gné

t — chat, court, départ
d — nid, foulard, canard
s — chats, cornes, alors
e — arrivée, faire, tête

vrai / faux

1. Marou court vite sur le chemin.
2. Mina court plus vite que Marou.
3. Ratus n'a pas pris le bon chemin.
4. Belo fait la course avec Marou et avec Mina.
5. Le rat vert tombe et se fait mal à la tête.
6. C'est Ratus qui a gagné la course.

mignon   un oignon   la ligne
une poignée   un rossignol   la montagne
un compagnon   une signature   je souligne

Belo soigne le rat vert.   gn

Belo soigne le rat vert.   *gn*

59

l'invité de Belo

Ratus a grimpé sur le mur.
Là, il s'est assis et il regarde Belo.
– Va-t'en, a dit le chat. J'ai invité un ami.
Le rat vert est impoli. Il répond :
– Même si ton ami est le roi des malins,
   il ne pourra pas me faire partir !
Mais l'ami de Belo, c'est Victor !
Il arrive sur le chemin.
Ratus le voit et retourne vite dans son jardin.

graphème « in »   Cahier : pages 54-55

• Le graphème « in » s'écrit « im » dans certaines positions : avant b, p et parfois m. « im » est donc une variante du graphème de base « in ». Les graphies « ain » et « ein » sont également des variantes de « in » qui comprennent une lettre morphologique (a et e). Dans un premier temps, il faut s'assurer que les élèves reconnaissent le graphème de base « in ».

in	**in**	**in**
invité	d**in**don	mal**in**
		chem**in**
im	**im**	jard**in**
impoli	gr**im**pé	couss**in**

din lin pin fin sin vin rin min

vrai / faux

1. Ratus n'est pas poli : il grimpe sur le mur et il regarde dans le jardin de Belo.
2. Qui est l'invité du gros chat ? C'est Victor.
3. Victor fait partir le rat qui est impoli.
4. Le rat vert fait du vélo sur le mur.
5. Victor est l'ami du rat vert.
6. À la fin de l'histoire, Ratus retourne dans son jardin.
7. Victor est venu en voiture.

la fin	un lapin	un bassin
du vin	un sapin	des pépins
le matin	un moulin	un ravin
un gamin	un insigne	un sous-marin

l'invité arrive sur le chemin. in

l'invité arrive sur le chemin. *in*

le concours de danse

Il y a un concours de danse.
Le rat vert est sur la piste.
Tout le monde l'entoure et le regarde.
Il lève les bras, il lance les jambes en avant !
On entend un roulement de tambour :
c'est Ratus qui est le gagnant.
Que va-t-il avoir pour récompense ?
Une pendule à coucou !
Il l'emportera sur sa moto.

graphèmes « an » et « en » Cahier : pages 56-57

- Les graphèmes « an » et « en » sont aussi fréquents l'un que l'autre. Le second se rencontre surtout dans le préfixe « en- » et les suffixes « -ment », « -ement ». Avant m, b, et p, on a les variantes « am » et « em ».
- La principale difficulté de lecture est de ne pas confondre le graphème « en » dans les noms, les adverbes terminés par « -ent » (son /ã/), et la terminaison verbale « -ent » (cf. « Les poules du couvent couvent souvent ! »). C'est la forme orale du message qui permet de comprendre.

	an d**an**se	**an** gagn**an**t
en **en**toure	**en** p**en**dule	**en** **en**tend
em **em**portera	**am** t**am**bour	

dan   pen   gnan   ten   lan   van   tam   fan
cam   ban   ven   jam   chan   gan   men   ram

vrai / faux

1. Le rat vert danse bien.
2. Il lève les bras et les jambes en dansant.
3. Les chats sont sur la piste de danse.
4. Tout le monde entend le roulement du tambour.
5. Sur la piste, Belo danse avec Victor.
6. C'est Ratus qui a gagné la pendule.

un pantalon	dimanche	un enfant	comment
une chanson	gourmand	une tempête	content
un pantin	du jambon	le menton	le vent
il enlève	il invente	il dépense	il vend
il enfile	il entasse	il se penche	il sent

le gagnant a une pendule.   an   en

le gagnant a une pendule.   an en

au bazar

Ratus a des goûts bizarres.
Au bazar de la ville, il choisit un pantalon rose,
une chemise à pois et des bottes en lézard !
Il enfile les vêtements et les bottes.
– Mais c'est un zouave ! dit Mina en riant.
– Dans le magasin, il y a des choses plus jolies
pour un rat vert, dit Marou.
– D'accord, dit Ratus, je n'achète pas la chemise,
mais je garde le pantalon et les bottes !
Marou et Mina ont un voisin amusant !

---

graphème « z » ; graphème « s » entre deux voyelles   Cahier : pages 58-59

• Entraîner les élèves à lire très rapidement les segments de mots comprenant un « s » entre deux voyelles. Ceux qui figurent sur la page de droite sont extraits de mots courants.

• Si « z » est très facile à lire, il n'en est pas de même de « s » intervocalique (cf. le « s » de « cousin » lu par erreur comme le « s » de « penser », ce qui est parfois possible dans un même contexte : « Mon cousin / mon coussin est sur le canapé. »).

z
zouave
bizarre
bazar
lézard

s
choisit
rose
chemise
magasin

za ze zou zè zi zé ziè zo zu zon
iso usi oise ési ise asin ouse usé

vrai / faux

1. Ratus a enfilé une chemise rose et un pantalon à pois.
2. Les bottes de Ratus sont en lézard.
3. Le rat est amusant avec les vêtements qu'il a choisis.
4. Marou dit que Ratus est un zouave.
5. Ratus n'est pas un zouave, c'est un rat vert qui a mis des vêtements amusants.
6. Belo achète un pantalon rose dans le magasin.
7. Ratus garde le pantalon et les bottes.

un zoo	zéro	une maison	une bêtise
une zone	onze	une fusée	une valise
le gaz	douze	une usine	la pelouse
le gazon	onzième	un arrosoir	une ardoise

au bazar, il choisit une chemise.   z Z

au bazar, il choisit une chemise.   z

l'éléphant rose

– J'ai vu un éléphant rose sur la route ! dit Ratus.
– Un gros éléphant ou un petit éléphant ? demande Mina.
– Un joli éléphant rose ! répond Ratus.
Belo devine que Ratus a menti.
– J'ai téléphoné à Victor
 et il n'a pas vu d'éléphant rose ! dit Belo.
 Mais il a vu une soucoupe volante.
Le rat continue à mentir :
– Alors, dit-il, c'est que l'éléphant
 est venu en soucoupe volante.

---

graphème « ph » ; liaisons avec le nom   Cahier : pages 60-61

- Faire observer les variations de la forme orale du mot « éléphant » en fonction de la dernière lettre du mot qui le précède (cf. page ci-contre, en haut à droite).
- L'exercice vrai / faux doit stimuler les élèves à toujours rechercher un sens à ce qu'ils lisent. De même, la lecture et l'explication du texte ci-dessus peuvent conduire à une discussion sur le thème du mensonge.

ph   un joli élé**ph**ant
phare   un élé**ph**ant
            un gros élé**ph**ant
ph   un petit élé**ph**ant
élé**ph**ant   pas d'élé**ph**ant
télé**ph**oné   l'élé**ph**ant

---

phan   pho   phe   pha   phi   phon   phé

vrai / faux

1. Ratus est assis sur son mur.
2. Le rat dit qu'il a vu un éléphant sur la route.
3. L'éléphant que Ratus a vu est un gros éléphant vert.
4. Belo pense que Ratus ne dit pas la vérité.
5. Le chat a vu une soucoupe volante.
6. Dans le jardin, Marou joue avec un petit ours.
7. La moto de Belo a un gros phare.

une photo   Philippe   un téléphone
une phrase   Sophie   un phénomène
un siphon   Stéphane   un magnétophone

Ratus a vu un éléphant.   ph

Ratus a vu un éléphant.   *ph*

gare au taureau !

Ratus joue au toréro dans le Pré aux Chênes.
Comme il est beau avec son costume jaune,
sa cape rouge et son chapeau noir !
Mais le taureau n'est pas un agneau
et il se rue sur le rat vert !
– Attends ! crie Ratus, il faut d'abord
 que je secoue ma cape devant ton museau.
Le taureau n'écoute pas le pauvre Ratus.
– Au secours ! crie le rat qui se sauve à toute allure.

graphème « au »   Cahier : pages 62-63

- Faire reconnaître la forme du graphème « au ». La faire différencier des formes voisines : « an », « ou », « on ». Bien faire percevoir « au » dans la graphie « eau ».
- La graphie « eau » est une variante du graphème « au ». Elle se rencontre en principe à la fin des mots. Elle peut parfois être suivie d'un suffixe ou d'un mot : beau + té, beau + coup… La difficulté est orthographique (cf. ORTH Apprendre l'orthographe CP, p. 52).

au =
jaune
sauve
pauvre
taureau

eau
beau
chapeau
agneau
taureau

fau sau jau tau reau peau veau chau
neau pau cau seau mau gneau deau gau

vrai / faux

1. Ratus joue au toréro avec une vache.
2. Le costume de Ratus est jaune. Il a une jolie cape noire et un beau chapeau rouge.
3. Le taureau court après le rat vert.
4. Il faut que le rat vert se sauve.
5. Ratus crie : « au secours ! ». Marou regarde et il rit.
6. Mina est à côté de Marou, mais on ne la voit pas : elle est cachée par un buisson.
7. Dans le pré, il y a une taupe qui regarde le taureau.

autour	une taupe	de l'eau	un anneau
aussitôt	une faute	un oiseau	un rideau
un autocar	à gauche	un bateau	un poireau
une auto	un chausson	un bureau	un manteau

le taureau est dans le pré.   au   eau

le taureau est dans le pré.   *au   eau*

jeudi, à minuit

Belo a pris un petit haut-parleur.
Il l'a mis dans une boîte de fromage.
Si on touche la boîte, elle fait « Meuh ! Meuh ! ».
Or, jeudi à minuit, à la lueur d'une lampe de poche,
Ratus a volé le beurre, les œufs et le fromage de Belo.
Tout à coup, le voleur entend « Meuh ! ».
– C'est le taureau ! crie Ratus. Au secours !
Le rat vert a peur. Il lâche tout
et il se sauve en courant.
– Qui vole un œuf, vole un bœuf ! dit Belo en riant.

---

graphème « eu »   Cahier : pages 64-65

• Faire écouter les variations de prononciation correspondant au graphème « eu ». (Elles dépendent de la position de « eu » dans le mot et des accents régionaux.)
• Faire observer les changements de prononciation dans : un œuf ≠ des œufs, un bœuf ≠ des bœufs. « œu » est une variante du graphème « eu », limitée à quelques mots fréquents.

eu	**eur**	**œu**
jeudi	lueur	œuf
beurre	voleur	bœuf
	peur	

peu   beu   jeu   leu   meu   teu   reu   feu   seu
deu   veu   gneu   neu   sœu   cœu   bœu   vœu

vrai / faux

1. Belo a mis un haut-parleur dans une boîte de fromage.
2. La boîte fait « Meuh ! » si on la touche.
3. C'est Ratus qui est venu dans la cuisine de Belo.
4. Jeudi à midi, le rat a visité la maison des chats.
5. C'est le rat vert qui a volé le fromage, le beurre et les œufs de Belo.
6. C'est Marou qui a peur de la boîte qui fait « Meuh ! ».
7. Ratus pense que le taureau est dans la cuisine.

le cœur	neuf	peureux	un joueur
une sœur	seul	soigneux	une couleur
un nœud	jeune	le feu	un chanteur
un vœu	deux	les cheveux	un inventeur

jeudi, le rat a volé des œufs.   eu   œu

jeudi, le rat a volé des œufs.   *eu   œu*

71

révision 5

1 Reconnais-tu bien ces mots-clés ?

un lapin   il grimpe   un pantalon   la jambe
une pendule   il emporte   un lézard   la rose
la montagne   un chapeau   jaune
le beurre   un œuf   un éléphant

2 Lis très vite ces groupes de lettres.

gné   pen   ran   za   fin   phi   dan   use   peu
min   phan   gnon   zé   ase   reau   gau   veu
can   osé   chau   men   gneau   sœu   pau   zu

3 Connais-tu ces mots ?

un signal   un bassin   un tambour   un magasin
un poison   un museau   une chose   la ligne
un moulin   un phare   un invité   le téléphone
un joueur   à gauche   le menton   une danse
le cœur   zéro   jeudi   un taureau
sa sœur   douze   le rideau   un champignon

4 Lis ces mots terminés par des consonnes muettes.

la nuit   des œufs   le départ   un moment
un radis   la forêt   un lézard   un foulard
un nid   un égout   un canard   le gagnant
un repas   un tapis   un enfant   du chocolat

révision des graphèmes étudiés p. 58 à 71   cahier : contrôle 5

• Pour aider les élèves à percevoir instantanément les mots et leur signification, on peut utiliser les mots des exercices et modifier plusieurs fois la consigne : trouver un mot à partir de la définition donnée par le maître, trouver un mot à partir d'un trait sémantique (nom d'animal, d'une partie du corps…), trouver un mot qui contienne un graphème donné, etc.

5   **Sais-tu lire cette histoire ?**

Ratus est allé à la pharmacie.
Il a acheté beaucoup de médicaments :
des ampoules, des pilules et du sirop pour la toux.
Il a aussi acheté une grosse boîte de cachous.
En sortant du magasin, il voit Mina qui lui demande :
– Tu es malade, mon pauvre Ratus ?
– Moi ? Pas du tout ! répond le rat.
– Alors, pourquoi as-tu acheté tous les remèdes
  qui sont dans ton sac ?
– C'est pour mes cousins de la campagne.
  Ils sont en mauvaise santé.
  C'est moi qui achète leurs remèdes
  et mon oncle me donne des fromages.
– Et la grosse boîte de cachous ? dit Mina.
– Tu la veux ? demande Ratus. Je te la donne.

1. Qui Ratus a-t-il rencontré ?
2. Qui est malade, dans l'histoire ?

la caisse en bois

On a apporté à Ratus une caisse en bois.
Comme il avait de la peine à l'ouvrir,
il a demandé de l'aide à Belo qui est très fort.
– C'est un cadeau de mon cousin, a dit Ratus.
   Il est venu me voir la semaine passée.
Dans la caisse, on voit des chiffons et un balai.
Il y a aussi un petit mot du cousin :
« C'est pour ta maison : il y a des araignées ! »
– Qu'il s'occupe de ses affaires ! grogne Ratus.
   Je ne l'inviterai plus jamais.

graphèmes : « ai » et « ei »   Cahier : pages 66-67

- Bien faire observer les dessins de « ai » et de « ei ». La lecture rapide de syllabes aidera les élèves à bien mémoriser ces deux graphèmes qui représentent le même phonème.
- L'histoire peut donner lieu à une discussion intéressante : la maison de Ratus est-elle propre ? Que penser d'un invité comme ce cousin ? Que penser de la décision de Ratus ?

ai
aide

ai
c**ai**sse
ar**ai**gnée

ei
p**ei**ne

ai
ba**lai**
j**ai**m**ai**s

cai mai pei rai fai sei vai lai tai
lei pai rei chai zai vei gai bei gnai

vrai / faux

1. Le rat vert a de la peine à ouvrir la caisse.
2. C'est Belo qui aide Ratus à ouvrir la caisse en bois.
3. Dans la caisse, il y a des bonbons et du chocolat.
4. Le cousin de Ratus n'aime pas les araignées.
5. Le cousin pense que la maison du rat vert est sale.
6. On peut lire « Bonne fête Ratus ! » sur le petit mot.
7. Ratus est content du cadeau qui est dans la caisse.

l'air	une chaise	épais	seize
j'aime	une paire	du lait	un peigne
des ailes	une fontaine	un raisin	une reine
un aimant	une douzaine	le vinaigre	une baleine

il a de la peine à ouvrir la caisse.   ei   ai

il a de la peine à ouvrir la caisse.   ei   ai

75

les devinettes

Marou a sorti son carnet de devinettes :
– Qui a un bec et dort le jour ? demande Marou.
– C'est la chouette ! répond Mina.
– Devine, Ratus : elle a des antennes et elle saute.
– C'est la télé ! dit le rat vert, tout content de lui.
Mina se met à rire. Marou aide Ratus :
– Mais non ! Elle est verte, comme toi.
– Moi, je sais, dit Mina. C'est la sauterelle !
Ratus a encore perdu. Il s'énerve :
– Votre jeu est bête, je retourne faire ma sieste.

---

graphème « e » (= è) Cahier : pages 68-69

• Lorsque « e » n'est pas à la fin de la syllabe, il correspond à la prononciation de « è ». Les syllabes et les segments de mots de la page ci-contre suivent cette règle de position. Étant donné la forte fréquence de ce graphème, il est important que les élèves se réfèrent au découpage syllabique pour faire la distinction entre « e = e » et « e = è » (cf. Be-lo ≠ bel-le).

e •
carnet
bec
sieste
perdu

e ••
devinette
chouette
antenne
sauterelle

es   per   net   lec   sec   mel   ef   pel   sel
esse   enne   ette   erre   elle

vrai / faux

1. Marou a un carnet de devinettes.
2. Mina rit car la réponse de Ratus est amusante.
3. Le rat vert a donné une réponse juste.
4. Ratus ne sait pas, alors il dit que le jeu est bête.
5. Ratus n'aime pas les devinettes car il perd.
6. Ratus retourne dans sa maison pour faire son repas.

une veste	la lecture	un jouet	la toilette
un escargot	un insecte	un robinet	une omelette
un dessert	le directeur	des volets	une cachette
			une cassette
le chef	un verre	un caramel	la sonnette
un effort	la terre	une échelle	une fourchette

il a un carnet de devinettes.

il a un carnet de devinettes.

Ratus préfère le fromage

Marou, Mina et Ratus sont dans un magasin.
– Je voudrais des caramels, demande Marou.
– Moi, dit Mina, je voudrais des fraises en sucre.
– Et toi ? demande le marchand à Ratus.
– Moi, dit le rat vert, je préfère
un fromage de brebis, deux camemberts,
trois fromages de chèvre, et une grosse part
du fromage qui a des trous.
– Tu as invité tes voisins ? demande le marchand.
– Non, répond le rat vert, tout est pour moi.

groupes consonantiques avec « r »   Cahier : pages 70-71

- Entraîner les élèves à lire avec beaucoup d'aisance les syllabes de la page de droite.
- Pour l'élève qui apprend à lire, une des difficultés est de bien percevoir les groupes consonantiques avec « r » comme un bloc soudé au groupe voyelle qui suit.

pr	**tr**	**cr**	**fr**
préfère	**tr**ou	su**cr**e	**fr**aise
br	**dr**	**gr**	**vr**
brebis	vou**dr**ais	**gr**osse	chè**vr**e

pré   bre   cre   frai   gro   drai   bro   gri
fru   gra   pro   vrai   tri   cra   vre   tron

vrai / faux

1. Marou se promène avec Belo et avec Mina.
2. Ratus, Marou et Mina sont entrés dans un magasin.
3. Le marchand porte une cravate grise.
4. Dans la vitrine, il y a des fromages et de la crème fraîche.
5. Marou préfère les caramels.
6. Ratus dit le nom du fromage qui a des trous.

vrai	le préau	un endroit	propre
drôle	un drapeau	un abricot	un arbre
triste	du bruit	un programme	un chiffre
grand	une tranche	un écriteau	un livre
froid	une grappe	une surprise	un zèbre

Mina aime les fraises en sucre.   fr   cr

Mina aime les fraises en sucre.   *fr   cr*

79

les meubles du rat vert

Ratus est devenu bricoleur.
Avec des planches, un marteau et des clous,
il s'est fait un meuble qui ferme à clé.
Il l'a rempli de fromages !
Dessus, Mina a mis un vase de fleurs
et Ratus trouve que c'est très joli.
Le rat vert a aussi fait un banc.
Tous les deux sont assis dessus.
Mais si Mina se lève, Ratus tombera :
il n'a pas cloué les pieds du banc au bon endroit !

groupes consonantiques avec « l »   Cahier : pages 72-73

- Insister sur la rapidité de lecture des syllabes.
- Les groupes consonantiques avec « l » doivent être lus avec le groupe voyelle qui suit, en une seule émission de voix. Pour cela, s'assurer que les élèves connaissent bien tous les graphèmes de base qui composent ces groupes.

fl	**cl**	**pl**	**bl**
fleur	**cl**ou	**pl**anche	meu**bl**e
flacon	**cl**é	rem**pl**i	ta**bl**e

pla clo cli ble fleu cla blan gli fla
clai plu glé bli glou plon flan pli

vrai / faux

1. Ratus est bricoleur : il s'est fait un banc et un meuble avec des planches.
2. Le meuble du rat vert ferme à clé.
3. Dans son meuble, Ratus a mis des plats et des assiettes.
4. Mina a décoré le meuble avec des fleurs.
5. Pour le banc, Ratus s'est trompé : il a oublié les pieds.
6. Mina a un parapluie blanc et une robe bleue.

le plafond	la classe	réglé	le sable
plissé	éclairé	une église	un tableau
la pluie	une cloche	une glissade	ensemble
une plume	une boucle	une épingle	agréable
un flacon	une flamme	des flocons	un sifflet

Ratus a cloué des planches.   cl pl

Ratus a cloué des planches.   cl pl

drôles de diamants !

Ratus a donné de grands coups de pioche.
Il a enlevé la terre et les pierres avec une pelle.
La curiosité a poussé Belo à venir voir.
– Tu plantes des bégonias ? a demandé Belo.
– J'ai trouvé un trésor, a dit Ratus. Il est lourd !
  C'est sûrement de l'or et des diamants.
Le rat vert ouvre la malle. Horreur !
Elle est pleine d'os… Belo a compris :
– Mais c'est le coffre de Toutou !
  Il a vécu dans ta maison autrefois.

graphies « ia, io, ie » cahier : pages 74-75

• Faire observer les mots du texte qui contiennent les graphies « ia, io, ie, » et les faire différencier des mots contenant une graphie inverse : « ai, oi, ei » (« voir, j'ai, pleine, mais, maison, autrefois »).

io   **ia**   **ie**
p**io**che   bégon**ia**   p**ie**rre
cur**io**sité   d**ia**mant

pio   boi   dai   plia   rio   tai   dio   voi   poi
rai   pia   vai   bio   plai   vio   via   nia

vrai / faux

1. Ratus pioche et plante des bégonias dans son jardin.
2. Ratus croit qu'il a trouvé un trésor dans la terre de son jardin.
3. Le coffre est rempli d'or et de diamants.
4. Dans le coffre que Ratus a trouvé, il y a des os.
5. C'est Belo qui a caché la malle pleine d'os dans le sol.
6. Autrefois, c'est Toutou qui habitait dans la maison du rat vert.

un violon	un piano	des pierres
un chariot	un aviateur	du miel
la radio	serviable	la sieste
une violette	il coloria	des miettes
une brioche	il copia	le matériel

Belo voit Ratus qui pioche.   oi   io

Belo voit Ratus qui pioche.   *oi io*

le carnaval

Le carnaval se termine par un défilé.
Ratus conduit le char des fromages.
Le rat vert parcourt les rues de la ville
à la vitesse d'un escargot.
Tout le monde est au balcon.
Marou est au bord du trottoir : il filme Ratus.
Sur le char, il y a d'énormes fromages en carton.
Un dragon sort d'un volcan
et crache du feu sous une grosse marmite.
Le char de Ratus est le plus beau du carnaval.

groupes consonantiques inversés (consonne + voyelle + « r » ou « l »)   Cahier : pages 76-77

• Faire lire très vite, dans l'ordre et le désordre, les syllabes formées d'un groupe consonantique direct ou inversé.

ar	**or**	**al**	**ol**
car naval	bord	carnaval	volcan
escargot	énorme	balcon	
carton			
marmite	**er**	**il**	
char	termine	il filme	

---

par	gar	cra	bor	tra	car	dor	fro	pra
tar	bro	tro	tru	tor	for	dro	gra	tur

vrai / faux

1. Le char de Ratus est garni de fromages.
2. Une grosse fourchette est plantée sur le côté du char.
3. Sur le volcan, il y a un dragon vert et bleu.
4. Le dragon crache du feu sous la marmite.
5. On voit de la fumée sortir de partout.
6. Ratus regarde le défilé et filme le char des fromages.

partout	le calcul	un portrait	une porte
garnir	le garde	un gourmand	une tortue
calme	une tartine	la moutarde	une poursuite
dormir	des palmes	un cartable	une fourchette

Marou regarde le carnaval.   gar   car

Marou regarde le carnaval.   gar   car

le masque et la baguette

Belo jouait de la guitare dans le jardin
quand il a vu Ratus en équilibre sur le mur.
Le rat vert est déguisé.
Il porte un masque et il a une baguette.
– Tu joues à Guignol ? demande Belo
 qui taquine souvent Ratus.
– Tu ne vois pas que je bats la mesure
 et que je te guide ? grogne le rat vert.
– Tu serais plus joli si ta queue de pie
 cachait ta queue de rat ! dit Belo en riant.

graphèmes « qu » et « gu »   Cahier : pages 78-79

• Prévoir un rappel du graphème « c » qui représente le son / k / (cf. leçon p. 46).
• Bien faire observer le dessin de « gu » pour éviter d'éventuelles confusions avec « gn » et « gr » dont les formes sont voisines (cf. « Guignol » et « grogne »). « qu » et « gu » sont en général suivis de « e » ou de « i ». On rencontre toutefois des mots en « qua » (quatre, quartier…) et en « quo » (quotidien…). Mais c'est une difficulté d'orthographe et non de lecture.

qu
queue

qu
é**qu**ilibre
ta**qu**ine

qu
mas**qu**e

que
qui
quand

gu
guitare
guide

gu
dé**gu**isé
ba**gu**ette

que qui quin gue gué quet qué guet
gui quette quo queu guette ques quel

vrai / faux

1. Sur le mur, on voit Ratus qui s'est déguisé.
2. Ratus est en équilibre avec sa guitare.
3. Belo se moque un peu du rat vert.
4. Le rat vert a une veste noire avec une queue de pie.
5. Belo demande à Ratus s'il joue à Guignol avec son bâton.
6. La queue de Ratus est plus longue que la queue de pie.

quitté	une raquette	fatigué	une vague
quinze	un disque	une bague	la langue
un liquide	la musique	un guidon	une guirlande
un requin	une étiquette	du muguet	une marguerite

Ratus s'est déguisé.   gu   qu

Ratus s'est déguisé.   *gu qu*

87

révision 6

1 Reconnais-tu bien ces mots-clés ?

un balai   un peigne   un bec   une devinette
une pioche   un diamant   un masque   une guitare

2 Peux-tu lire très vite ces syllabes ?

pra	tri	cla	bor	tro	gue	pour	dre	ver
fro	por	gra	dur	for	prou	tor	vre	pai
gne	que	cal	der	tir	par	gar	pia	gre

3 Peux-tu lire ces mots ?

un verre   un peigne   une grappe   une araignée
un dessin   un balcon   un tableau   du vinaigre
un guide   des livres   un liquide   un aviateur
du sucre   la sieste   des jouets   un cartable
du miel   un bouquet   un drapeau   un escargot

4 Te rappelles-tu ?

▸ Qui a ouvert la boîte d'os ?
▸ Qui est sur le char du dragon ?
▸ Qui a joué de la guitare ?
▸ Qui pose des devinettes ?
▸ Qui a acheté des caramels ?
▸ Qui a acheté des fraises en sucre ?

révision des graphies étudiées p. 74 à 87   cahier : contrôle 6

- Ces activités de révision précèdent le contrôle n° 6 prévu dans le cahier d'exercices. Elles peuvent être faites en classe, mais aussi le soir à la maison.
- Vous pouvez faire chercher oralement des mots contenant les syllabes de l'exercice 2 et faire trouver des phrases contenant les mots de l'exercice 3.

5 **Sais-tu lire ces phrases ?**

▸ Ratus triche quand il joue aux cartes avec Marou.

▸ Le troisième est toujours avant le quatrième.

▸ Mina est sur le banc, Marou est sous la table et Ratus est dessus.

▸ Quand Belo joue-t-il de la guitare ? Marou dit qu'il en joue souvent avant de faire la sieste.

6 **Sais-tu lire cette histoire ?**

Ratus a un rossignol sur le bord de sa fenêtre.
Mais l'oiseau ne chante pas. Le rat vert dit à Mina :
– Je lui donne pourtant du fromage bleu
   tous les matins !
Mina éclate de rire.
– Un rossignol ne mange pas de fromage bleu, dit-elle.
   Donne-lui plutôt une poignée de graines.
Le rat vert est très étonné :
– Mon rossignol est fou s'il n'aime pas le fromage !

1. L'oiseau de Ratus chante-t-il ?
2. Que donne Ratus à son rossignol ?
3. Que faut-il donner au rossignol ?

un fantôme en hélicoptère

Belo et Victor buvaient le thé dans le salon.
Marou et Mina lisaient des histoires.
Tout à coup, un vacarme retentit dans le jardin.
Les habitants de la maison entendent une voix :
– Hou ! Hou ! Je suis le fantôme vert.
   J'arrive avec mon hélicoptère !
Mais Belo et Victor n'ont pas peur.
Ils éclairent le jardin et regardent dehors.
Le fantôme vert a les pieds de Ratus !
Et l'hélicoptère, c'est sa moto.

---

graphème muet « h » ; graphème du pluriel « nt »   Cahier : pages 80-81

- Exercice de lecture rapide de syllabes : s'assurer que les élèves différencient bien les segments de mots qui ont la lettre « h » dans « ch » et « ph », et ceux qui ont un « h » muet ou aspiré. Faire trouver des mots qui les contiennent.
- Faire observer aux enfants que le « h » initial peut être muet ou aspiré (cf. mots p. 91).

h   h   ent

histoire   thé   ils buvaient
habitant   dehors   ils lisaient
hélicoptère   ils entendent

---

thé   ché   phé   phone   chon   thon   rhu
chou   pho   hou   chau   hau   heu   thè

vrai / faux

1. Les deux amis buvaient du thé dans le jardin.
2. Les enfants ne dormaient pas : ils lisaient.
3. Ils regardent tous dehors et ils voient un fantôme.
4. Dehors, il y a un vrai hélicoptère, tout vert.
5. Qui est le fantôme ?
   C'est Ratus qui est déguisé.
6. Il y a trois livres posés sur la table.
7. Dans le jardin, il y a un hibou sur une branche.

heureux   une haie   le thon
un homme   une hache   le bonheur
une heure   un hibou   le malheur
de l'huile   des haricots   un rhume
des habits   un hérisson   aujourd'hui

---

ils regardent dehors.   h   H

ils regardent dehors.   h

rendez-vous chez Victor

Victor habite au rez-de-chaussée
dans une petite rue de la ville.
Les trois chats ont rendez-vous chez lui.
Belo dit à Marou et à Mina :
– Prenez le panier. Allez acheter un os
  chez le boucher. Après, vous irez
  chercher un gâteau chez le pâtissier.
Marou demande, très inquiet :
– Tu crois qu'on va manger l'os au dîner ?
– Mais non, dit Belo. C'est un cadeau pour Victor.

graphèmes « er » et « ez » (= é)   Cahier : pages 82-83

• Ces deux graphèmes sont fréquents, mais peuvent être difficiles à lire quand ils sont précédés de « i » (ier, iez).

er   **ez**
panier   rez-de-chaussée
boucher   rendez-vous
pâtissier   chez
acheter   prenez
chercher   allez

vrai / faux

1. Aujourd'hui, c'est Victor qui a invité les trois chats.
2. Victor habite en ville, au rez-de-chaussée.
3. Belo tend un panier à Marou et à Mina.
4. Marou et Mina vont acheter un os chez le pâtissier.
5. Ils vont acheter un gâteau à côté de chez Victor.
6. Marou ne veut pas manger un os au dîner.
7. L'os est un cadeau pour les chats.

---

jouer	vous achetez	un clocher	un cahier
regarder	vous cherchez	un souper	un écolier
écouter	vous vendez	un goûter	un fermier
chanter	vous pêchez	le plancher	un métier
assez	vous lisez	un rocher	du papier
le nez	vous dormez	le déjeuner	un escalier

---

ils vont dîner chez Victor.   er   ez

ils vont dîner chez Victor.   *er   ez*

93

le régime de bananes

Un jour, Ratus visitait le zoo. Il avait apporté
un régime de bananes pour les singes,
et des graines pour les pigeons.
Un garde se dirigea vers Ratus :
– C'est défendu de donner à manger aux animaux !
Le rat vert rougit et dit alors un mensonge :
– Mais tout est pour moi, pour mon goûter.
Et comme le garde ne s'en allait pas,
Ratus a été obligé de tout manger, même les graines !

---

graphème « g » avant « e » et « i » (« ge » avant « a, o, u, ») Cahier : pages 84-85

- Discuter la signification de l'aventure qui arrive à Ratus. Quelle en est la portée morale ? Le texte et l'image permettent toujours un dialogue éducatif.
- « ge » correspond toujours à la prononciation / ʒ /. Avant a, o et u, la lettre « e » qui suit le « g » joue le même rôle que la cédille du « c ».

ge	**geo**	**gi**
singe	pigeon	régime
mensonge		rougit
obligé	**gea**	
manger	dirigea	

geon	gea	gi	geoi	gen	ger	ges
gin	geo	geai	gez	gé	geu	gè

vrai / faux

1. Dans un zoo, il y a beaucoup d'animaux.
2. Ratus voulait donner des bananes aux singes et des graines aux pigeons.
3. Le garde veut bien que le rat vert donne à manger aux animaux.
4. Ratus avait apporté le régime de bananes et les graines pour les girafes.
5. Les singes ont mangé toutes les bananes de Ratus.
6. Le mensonge de Ratus le fait rougir.

gentil	nuageux	rugir	une orange
des gens	dangereux	agile	une éponge
un gilet	un agent	une bougie	un village
la gelée	la rougeole	un engin	un orage
le genou	la sagesse	un garagiste	une horloge

il rougit et dit un mensonge.   gi   ge

il rougit et dit un mensonge.   *gi ge*

95

chez le médecin

Ratus a dit au médecin qu'il avait mal au ventre.
– Mon garçon, tu manges trop de saucisses.
– Non ! dit Ratus, moi, je mange du fromage.
– Fromage ou saucisses, dit le médecin,
ça ne change pas mon ordonnance :
chaque matin, tu boiras le jus d'un citron.
Ratus est déçu car il voulait du sirop.
– Je n'ai plus mal au ventre ! dit le rat vert.
Le jus de citron, gardez-le pour Victor :
il a le ventre rempli de saucisses.

graphème « c » avant « e, i » ; graphème « ç » avant « a, o, u »   Cahier : pages 86-87

- Bien faire observer les voyelles qui suivent « c » et celles qui suivent « ç » lorsqu'il s'agit de transcrire le phonème / s /. Il est préférable de mémoriser les voyelles en deux groupes : a, o, u d'une part ; e, i d'autre part (y n'est qu'une variante de i, comme son nom l'indique).
- L'étude de la graphie « ce » donne l'occasion de lire des phrases interrogatives introduites par « est-ce…» ou par « est-ce que…» (cf. exercice oui / non p. 97).

ce	**ci**	**ç**
ordonnance	médecin	garçon
balance	saucisse	déçu
	citron	ça

ce   ci   cen   cin   ceu   ça   ço   çu
cette   ceau   çai   çon   çau   çoi

oui / non

1. Ratus est-il allé chez le médecin ?
2. Est-ce que le rat vert a mal à la tête ?
3. Le rat vert est malade parce qu'il mange trop de saucisses. Est-ce vrai ?
4. Est-ce que Ratus mange du fromage ?
5. Est-ce que Ratus aime le jus de citron ?
6. Est-ce que le rat vert a toujours mal au ventre à la fin de l'histoire ?
7. Est-ce Belo qui mange trop de saucisses ?

cinq	facile	une leçon	une pièce
le cinéma	décembre	un maçon	une place
une cerise	un pinceau	un reçu	le silence
le ciel	une recette	la façade	la police
un cirque	un morceau	un glaçon	la sauce

mon garçon, bois du jus de citron !   ç

mon garçon, bois du jus de citron !   ç

un perroquet malin

Hier, Ratus a acheté un superbe perroquet.
Il l'a enfermé dans une cage en fer doré.
– Comme tu m'as coûté très cher, a dit le rat vert,
tu dois faire tout ce que je veux.
D'abord, ouvre ma boîte de conserve avec ton bec.
– Je veux bien, a dit l'oiseau, mais il faut m'aider
à sortir. Je ne peux pas bouger dans cette cage.
Une fois dehors, le perroquet pince Ratus
avec son gros bec et le pousse dans la cage !
Il enferme le rat et s'envole vers la liberté.

graphème « er » (= èr)   Cahier : pages 88-89

- Entraîner les élèves à redire de mémoire les phrases qu'ils viennent de lire (cf. page 99 où les phrases longues permettent d'augmenter les possibilités de la mémoire immédiate).
- À l'intérieur des mots, la graphie « er » correspond toujours à /ɛʀ/ lorsqu'elle est en fin de syllabe. En fin de mot, la même graphie peut renvoyer à deux sons /e/ ou /ɛʀ/ : dans ce cas, le sens permet de retrouver le mot exact.

er   **er**
hi**er**   sup**er**be
f**er**   enf**er**mé
ch**er**   cons**er**ve
v**er**t   lib**er**té

per...   fer...   ver...   ser...   ber...   mer...
her...   der...   cher...   ger...   ter...   cer...

vrai / faux

1. Ratus a enfermé son perroquet dans une cage en fer.
2. Le perroquet est très heureux dans la cage.
3. Le perroquet doit ouvrir la boîte de conserve de Ratus avec un ouvre-boîte.
4. Une fois sorti de sa cage, le perroquet pince Ratus et le pousse dans la cage.
5. À la fin de l'histoire, Ratus est enfermé dans la cage et le perroquet s'envole vers la liberté.

la mer	mercredi	on ferme	→	fermer
une perle	une personne	il perd	→	perdre
un berceau	un serpent	il cherche	→	chercher
l'herbe	un réservoir	je traverse	→	traverser
un merle	une serviette	il termine	→	terminer

le perroquet est superbe.

le perroquet est superbe.

99

un bon menu

À l'école, Ratus aime surtout la cantine.
– Une fois, dit le rat vert, on a fait un repas de fête.
  Au menu, il y avait du pâté de campagne,
  de l'omelette aux champignons,
  du canard, des frites, du camembert,
  de l'ananas et des bonbons pour le dessert.
  J'ai bu huit verres de limonade !
– Menteur ! dit Mina, même un gros rat
  ne pourrait pas avaler tout ça.
– Si, moi, j'ai même fini tous les plats ! dit Ratus.

découpage syllabique Cahier : pages 90-91

- Faire observer que la graphie « an » peut correspondre au graphème « an » ou bien à « a + n » lorsqu'elle est suivie d'une voyelle (cf. **can**-tine / ca-**n**ard). Le phénomène s'observe pour des graphies qui se terminent par n ou par m (on, in, en, an ; om, im, em, am).
- Pour que ces mots soient reconnus instantanément, il faut que la structure syllabique du mot soit elle-même bien connue. C'est toujours en associant le sens à la combinatoire que le lecteur pourra lever les ambiguïtés de lecture surgissant d'un mot nouveau.

cantine **cam**pagne **men**teur
canard **ca**membert **me**nu

omelette li**mo**nade a**na**nas

vrai / faux

1. Le rat vert raconte ce qu'il a mangé à la cantine.
2. Le rat vert n'aime pas le camembert, ni les frites.
3. Ratus dit qu'il a bu huit litres de limonade.
4. Mina ne croit pas ce que Ratus raconte.
5. Mina dit que le rat vert ne peut pas manger autant de plats en un seul repas.
6. Ratus dit qu'il a fini tous les plats de la cantine !
7. Quand il mange à la cantine, Ratus met sa serviette autour de son cou.

un son	le matin	un an
une sonnerie	la matinée	une année
une maison	un voisin	un gitan
une maisonnette	le voisinage	une gitane

ronronner	manger	le compteur	courons
le tonnerre	un manège	un commerce	une couronne
la tondeuse	le monde	un monument	une avenue
diminuer	la monnaie	un bonhomme	une aventure

le menu de la cantine est bon.

le menu de la cantine est bon.

le pistolet à peinture

Ratus est en train de repeindre sa cuisine.
– As-tu besoin d'un coup de main ?
   a demandé Marou. Tu en as au moins
   pour une semaine !
– Non ! a répondu Ratus, tout sera fini demain.
   J'utilise un pistolet à peinture. Ça va vite.
Mais le pistolet crache maintenant de grosses taches
de peinture un peu partout.
Marou se sauve en courant.
– Ce n'est pas au point, dit-il à Ratus.
   Tu vas avoir besoin d'un bon bain !

graphèmes « ain, ein » et « oin »   Cahier : pages 92-93

- Faire découvrir oralement et visuellement l'élément commun « in ».
- Dans « ain » et « ein », les lettres « a » et « e » peuvent être considérées comme des graphèmes muets (à valeur morpho-sémantique) ajoutés au graphème de base « in ».

ain	**ein**	**oin**
tr**ain**	p**ein**ture	bes**oin**
m**ain**	rep**ein**dre	m**oin**s
dem**ain**	c**ein**ture	p**oin**t

moin   pain   soin   tein   poin   lain   pein
cein   main   dain   foin   rein   loin   rain

vrai / faux

1. Ratus repeint sa cuisine en rose avec un pistolet à eau.
2. Il a poussé tous les meubles de la cuisine dans un coin.
3. Ratus dit qu'il va encore peindre pendant une semaine.
4. Le rat vert dit qu'il n'a pas besoin de Marou parce qu'il utilise un pistolet à peinture.
5. Le pistolet de Ratus marche très bien.
6. Ratus aura besoin d'un bain pour enlever la peinture qui a giclé sur lui.

vilain	plein	loin
le pain	peindre	pointu
un train	éteindre	le soin
un terrain	les freins	le foin
des grains	un peintre	un témoin
le lendemain	une teinte	une pointe

Ratus peint : il a besoin d'un bain !

Ratus peint : il a besoin d'un bain !

révision 7

1 **Reconnais-tu bien ces mots-clés ?**

une histoire   le nez   un panier   acheter
un régime   un singe   un pigeon   un citron
une balance   un garçon   pointu   une main
la peinture   enfermé

2 **Lis très vite ces syllabes.**

chain   poin   hui   fer   cein   rez   gea   çu
ber   gi   hai   ça   ceu   tein   cen   dain   hé
geon   cin   moin   vez   join   ter   loin   mez

3 **Connais-tu ces mots ?**

du thé   loin   le pain   un escalier
une heure   agile   du papier   des habitants
le dîner   dehors   une leçon   un couvercle
des gens   gentil   un écolier   une pharmacie
ils lisent   ils jouent   ils entendent
elles voient   elles cherchent   elles peignent

4 **Te rappelles-tu ?**

▸ Qui était le fantôme vert ?

▸ Qui a pincé Ratus ?

▸ Qui a mangé un régime de bananes ?

▸ Qui aime beaucoup les saucisses ?

▸ Qui a repeint sa cuisine ?

révision des graphies étudiées p. 90 à 103   Cahier : contrôle 7

- À la suite de l'exercice 5, on peut demander aux élèves d'inventer une suite à l'histoire. Ils exprimeront ainsi leurs réactions au cadeau que Victor a acheté pour Ratus.

5 Sais-tu lire cette histoire ?

Victor se rend chez Belo.
Il y a du monde dans la rue.
Arrivé au carrefour de la mairie,
il s'arrête puis il entre à la pâtisserie.
Il regarde la vitrine avant de choisir
un gâteau au chocolat pour Belo,
et des tartelettes aux fraises
pour Mina et pour Marou.
Quand il sort du magasin,
il aperçoit Belo au loin.
Alors il l'appelle en faisant des signes
avec la main : – Hou ! hou ! crie Victor.
Les deux amis se rejoignent
et continuent leur route ensemble.
– As-tu acheté quelque chose
   pour Ratus ? demande Belo.
– Oui, répond Victor. Je lui ai trouvé
   un petit rat en pâte d'amande !

As-tu compris l'histoire ?

1. Chez qui va Victor ?

2. Devant quel magasin s'arrête-t-il ?

3. Qu'est-ce que Victor achète ?

4. À qui Victor fait-il des signes avec la main ?

5. Qu'est-ce que Victor va offrir à Ratus ?

un gentil gardien

Depuis bientôt un an, Victor est gardien.
L'ancien gardien s'appelait Roquet :
il n'était pas très aimable avec les gens.
Mais depuis que Victor est là, tout va mieux :
il protège les enfants et les personnes âgées.
Les habitants de l'immeuble l'aiment bien
car c'est un chien fort comme un lion.
Pour cela, Victor s'entraîne tous les matins.
– Je n'oublie jamais mon fortifiant, dit le chien :
   trois kilos de viande et deux douzaines de saucisses.

graphies complexes (ion, ian, ieu et ien)   Cahier : pages 94-95

- Faire découvrir que ces quatre graphies commencent toutes par « i ». On fera percevoir la caractéristique orale correspondante en prononciation ralentie (ex. : gardiii-ien).
- La graphie « ien » est de loin la plus difficile des quatre, car le phonème final /ɛ̃/ est marqué dans ce cas par « en ». Un mot référence peut aider à la retenir : par exemple, le « ien » de « chien » ou de « bien ».

ieu → mieux　　　ian →viande　　　ien → bien
　　　　　　　　　　　fortifiant　　　　　　 chien
ion → lion　　　　　　　　　　　　　　　 gardien

mieu　　vieu　　vian　　rian　　pion　　vion　　sion
rien　　tien　　vien　　dien　　cien　　gien

questions
1. L'ancien gardien était-il gentil ?
2. Victor est-il gentil ?
3. Victor est-il fort ?
4. Comment s'appelait l'ancien gardien ?
5. Dans l'immeuble, tout le monde aime-t-il bien Victor ? Pourquoi ?
6. Que mange Victor chaque matin ?
7. Qu'est-ce que Victor appelle son fortifiant ?

adieu	un avion	rien	un musicien
vieux	un camion	le mien	un pharmacien
curieux	une réunion	le tien	un mécanicien
au milieu	une question	le sien	un chirurgien
un triangle	un champion	un indien	un électricien

Victor est un bon gardien.　　　　　　　　　　　ien

Victor est un bon gardien　　　　　　　　　　　*ien*

quand la lune brille

Pour le concours de chant, Ratus est bien habillé.
Il porte un beau nœud papillon.
Il chante sur l'air de « Au clair de la lune » :

– Quand la lune brille
  Mon voisin Marou
  Rentre en sa coquille
  Il a peur du loup…

– Quand la lune brille
  Le gros chien Victor
  Ferme bien sa grille
  Car il a très peur…

Mais Victor est dans la salle avec toute sa famille.
Le gros chien se lève et gonfle ses muscles.
Ratus a compris le danger : il file à toutes jambes !

graphème « ill »   Cahier : pages 96-97

- Le graphème « ill » correspond à la transcription de deux phonèmes : / i + j /. Il est important de le présenter seul, avant les graphies complexes « aill, eill, euill, ouill ». À noter que « ill » peut parfois transcrire le son / il / (ville, village, mille…). Ces mots doivent être vus à part.
- S'assurer que les segments de mots sont correctement lus (avec le son / ij /). Faire trouver un mot qui correspond à chacun d'eux (« rill comme dans gorille », etc.).

ill	**ill**e
habi**ll**é	br**ill**e
papi**ll**on	coqu**ill**e
	fam**ill**e

rill　　grill　　bill　　till　　dill

fill　　quill　　nill　　pill

> **questions**
>
> 1. Comment Ratus s'est-il habillé ?
> 2. Victor porte-t-il un chapeau et un nœud papillon ?
> 3. Le rat vert a-t-il inventé une chanson ?
> 4. La chanson de Ratus est-elle gentille pour Marou ?
> 5. Dans la chanson, est-ce Victor qui ferme bien sa grille parce qu'il a peur ?
> 6. Dans la chanson, est-ce Victor qui rentre dans sa coquille parce qu'il est peureux ?
> 7. Dans l'histoire, qui se sauve en courant ?

un carillon	griller	une fille	gentille
un pavillon	fendiller	une bille	une chenille
un grillage	sautiller	des quilles	une pastille
un tourbillon	pétiller	la vanille	des lentilles
un échantillon	tortiller	un gorille	des béquilles

Victor est avec sa famille.　　　　　　　　　ill

Victor est avec sa famille.　　　　　　　　　ill

le robot laveur

Ratus a pris une grande feuille de papier
pour dessiner le robot qu'il veut fabriquer.
Il a travaillé toute la nuit.
Maintenant, son robot est terminé :
c'est un appareil pour laver tout ce qui est sale.
Mais Ratus avait tellement sommeil
qu'il s'est endormi dans son fauteuil.
Soudain, le rat vert se réveille en sursaut :
il est tout mouillé ! Son robot
est en train de le frotter avec une brosse.
Ratus avait oublié un petit détail :
c'est qu'il était sale, lui aussi !

graphies complexes : « ail(l), eil(l), euil(l), ouil(l) »   Cahier : pages 98-99

- Faire lire les segments de mots dans l'ordre, puis dans le désordre. Faire trouver un mot pour chacun d'eux (ex. : « tail » comme dans « portail », « éventail » ; etc.).
- Ces graphies représentent un son voyelle (a, e = è, eu, ou) suivi du yod transcrit soit par « il » (fin de mot masculin), soit par « ill » (intérieur d'un mot, verbe, fin de mot féminin).

ail	**eil**	**euil**	
dét**ail**	appar**eil**	faut**euil**	
aill	**eill**	**euill**	**ouill**
trav**aillé**	se r**éveille**	f**euille**	m**ouillé**

t**ai**l   v**ai**l   r**ei**l   v**ei**l   r**ai**l   t**ei**l   r**eui**l

f**eui**ll   b**oui**ll   d**ai**ll   b**ei**ll   m**ei**ll   p**ai**ll

questions

1. Pourquoi Ratus utilise-t-il une grande feuille de papier ?
2. Quand Ratus a-t-il travaillé pour fabriquer son robot ?
3. À quoi sert le robot fabriqué par le rat vert ?
4. Pourquoi Ratus s'est-il endormi dans un fauteuil ?
5. Pourquoi Ratus est-il tout mouillé ?
6. Pourquoi le robot lave-t-il le rat vert ?
7. Avec quoi le robot lave-t-il Ratus ?

un rail	un réveil	une corbeille	un écureuil
un portail	le soleil	des groseilles	un chevreuil
le travail	les orteils	une bouteille	le feuillage
de l'ail	un conseil	le meilleur	un portefeuille
un maillot	une oreille	une grenouille	fouiller

le fauteuil est mouillé.   euil   ouill

le fauteuil est mouillé.   euil ouill

111

la piscine de Ratus

Le rat vert a mis son pyjama à rayures.
Un tuyau à la main, il remplit sa piscine gonflable.
– Pourquoi es-tu si joyeux ? demande Marou.
– Je vais m'entraîner pour les jeux olympiques.
   Je veux gagner la médaille d'or en plongeon.
– Mais, dit Marou, tu ne mets pas un maillot de bain ?
– Je ne veux pas prendre froid ! dit Ratus.
– Moi, je vais à la piscine, fait remarquer Mina.
– À la piscine, il y a trop d'eau ! répond Ratus.
   J'ai peur de me noyer !
   Je vais apprendre à nager et à plonger
   avec ce tabouret.

graphème « y »   Cahier : pages 100-101

• La difficulté de ce graphème vient de ce qu'il équivaut tantôt à un « i », tantôt à deux « i ». En principe, on a « y = i » en début de mot ou après une consonne et « y = i.i » après une voyelle. Tous les segments de mots utilisés page de droite se lisent donc avec y = i.i.

y = i	y = i.i	y = i.i	y = i.i
pyjama	rayure	joyeux	tuyau
(i)	(ai.iu)	(oi.ieu)	(ui.iau)
olympique			
(im)			

nuyé   puyé   voyé   boyé   sayé   rayé

ayon   oyau   ayez   oyel   uyeu   voya

questions

1. Quel vêtement porte Ratus dans cette histoire ?
2. Pourquoi Ratus veut-il s'entraîner ?
3. Pourquoi le rat vert ne met-il pas un maillot de bain ?
4. La piscine de Ratus est-elle assez grande pour apprendre à nager et à plonger ?
5. Pourquoi Ratus ne va-t-il pas dans une grande piscine ?
6. À quoi sert le tuyau que Ratus tient à la main ?
7. Que va faire Ratus avec le tabouret ?

un cycliste	balayer	aboyer	appuyer
le rythme	un pays	un noyau	essuyer
les yeux	un paysage	un voyage	s'ennuyer
un stylo	un crayon	une voyelle	bruyant

Ratus a un pyjama à rayures.   y   Y

Ratus a un pyjama à rayures.   *y*

en route pour le ski

Marou, Mina et Belo vont faire du ski
dans une station de sports d'hiver.
Avant de monter dans le wagon,
Marou et Mina souhaitent acheter
des livres et des bonbons au kiosque.
– Attention ! dit Belo. Il faut vous dépêcher.
　Le train va bientôt partir.
– Je vous chronomètre ! dit Ratus
　qui apparaît à une portière.
– Tu vas faire du ski, toi aussi ? demande Belo.
– Non, dit le rat vert, moi je vais visiter
　des usines de fromage à la montagne.

graphèmes « w, k, ch (= k) » ; graphie « ti (= si) »　　Cahier : pages 102-103

• Les prénoms, noms propres et noms de lieux pourront fournir des exemples d'emploi de ces graphèmes. Connaître la particularité de la graphie ti = si (cf. mots en -tion : attention, addition, etc.) aidera à retrouver plus facilement le sens de mots peu fréquents ou homographes non homophones (ex. « portions » —> nous portions / des portions).

w **k** **ch** (k) **ti** (si)
wagon ski chronomètre station
kiosque attention

questions

1. Que vont faire Marou, Mina et Belo à la montagne ?
2. Qu'est-ce que Marou et Mina veulent acheter au kiosque ?
3. Peut-on acheter des journaux et des revues dans un kiosque de gare ?
4. Où est Ratus au moment où les chats arrivent sur le quai ?
5. Quelqu'un dit qu'il faut se dépêcher et que le train va bientôt partir. Qui est-ce ?
6. Pourquoi Ratus veut-il chronométrer le temps que Marou et Mina vont mettre pour aller au kiosque ?
7. Pourquoi Ratus va-t-il à la montagne ?

un képi   un kilomètre   un chœur   l'aviation
un moka   un kilogramme   la chorale   l'acrobatie
un kimono   un kangourou   un orchestre   les initiales

la récréation   une addition   une invitation
la circulation   une punition   la natation
une opération   une collection   une réclamation

---

les skis sont dans le wagon.   k   w

les skis sont dans le wagon.   k   w

115

le kangourou boxeur

À la kermesse, il y a un kangourou boxeur.
– Qui veut se battre contre lui ? crie l'arbitre.
– Moi ! s'écrie Ratus. J'aime l'exercice !
– Mais tu es fou, dit Marou. Il est très fort !
– Tu exagères, répond Ratus, j'ai d'excellents réflexes.
 Et d'ailleurs, plus fort que le rat vert,
 ça n'existe pas, ça n'existe pas !
Marou essaie de lui expliquer qu'il ne faut pas insister,
mais Ratus a une idée fixe : battre le kangourou.
Maintenant, Ratus est très vexé :
en moins de deux minutes,
le kangourou l'a expédié au tapis.

graphème « x »   Cahier : pages 104-105

• Les mots avec « x » sont en général difficiles à lire : à la difficulté de décodage du graphème « x » s'ajoute, dans de nombreux cas, une difficulté de compréhension (le sens de beaucoup de ces mots est abstrait). Il faut donc arriver à une reconnaissance aisée des graphies avec « x », car souvent le contexte n'apporte qu'une aide limitée.

x (ks)	ex (= èks)	ex (= ègz)
boxeur	excellent	exercice
réflexe	expliquer	exagéré
fixe	expédié	existe

axi   oxe   expé   exté   expli   excu   extra

exa   exi   exo   exer   exem   exé   exau

questions

1. Pourquoi Ratus veut-il se battre contre le kangourou boxeur ?
2. Le kangourou est-il un bon boxeur ?
3. Qui dit à Ratus de ne pas se battre contre le kangourou ?
4. Dans l'histoire, quelle est l'idée fixe de Ratus ?
5. Le rat vert porte-t-il des gants de boxe ?
6. Qui a gagné le match ?
7. Combien de temps le match a-t-il duré ?
8. Pourquoi Ratus est-il très vexé ?

la boxe	une excuse	un exemple
un taxi	exploser	exotique
un texte	une exposition	exiger
l'index	une explication	exécuter
exprès	l'extérieur	examiner

Ratus joue au boxeur.   x   X

Ratus joue au boxeur.   *x*

au cinéma

Ratus est au cinéma. Pendant le film, il mange
des cacahouètes et du maïs grillé. Il fait du bruit
chaque fois qu'il glisse sa patte dans le sachet.
– Arrêtez ce bruit, monsieur, dit un spectateur.
– Quel égoïste ! ajoute sa femme.
Dans l'obscurité, Ratus continue à faire des bêtises.
Il pose un grain de maïs sur sa main et dit :
– Abracadabra ! Je souffle sur le grain de maïs
  et il s'envole comme une coccinelle !
Mais, dans le noir, Ratus n'a pas reconnu le spectateur
qui vient de recevoir le grain de maïs : c'est Victor !
Furieux, Victor se lève et prend le sachet du rat vert.
– Je te le rendrai après le film ! dit le chien.

difficultés de lecture — Cahier : pages 106-107

- Des difficultés de lecture peuvent venir de mots parfaitement réguliers, mais qui contiennent une suite de lettres difficile (cf. « spectateur, coccinelle, maïs… »). Rares sont les mots écrits qui ne correspondent pas à la prononciation actuelle du mot (cf. « monsieur »). Quelques-uns contiennent une graphie qui surprend, mais qui est assez régulière (cf. « emm » dans : « femme, patiemment »). D'autres, d'origine étrangère, sont mal francisés (cf. « cacahouète, shampooing »). Mais ces difficultés sont peu nombreuses et s'acquièrent facilement par l'usage si les bases de la combinatoire ont été bien apprises.

e = a
femme

cc = cs
coccinelle

on = e
monsieur

spect
spectateur

obsc
obscurité

ï = i
maïs

questions

1. Où se passe l'histoire ?
2. Dans cette histoire, Ratus est-il gentil ?
3. Que mange le rat vert pendant la projection du film ?
4. Pourquoi les spectateurs ne sont-ils pas contents ?
5. Qui dit à Ratus qu'il est égoïste ?
6. Le rat vert tient-il une vraie coccinelle dans sa main ?
7. Quel spectateur a reçu le grain de maïs envoyé par Ratus ?
8. Que dit Victor à la fin de l'histoire ?

un œil	un succès	une mosaïque	obscur
cueillir	un accident	une héroïne	un obstacle
la cueillette	accélérer	la mayonnaise	un spectacle
orgueilleux	un examen	un bonhomme	respecter
prudemment	patiemment	fréquemment	violemment

les spectateurs sont dans l'obscurité.

les spectateurs sont dans l'obscurité.

révision 8

1 Reconnais-tu bien ces mots-clés ?

un chien   un lion   la viande   joyeux   un papillon
le travail   un réveil   un fauteuil   une feuille
une grenouille   un pyjama   une rayure
un tuyau   le ski   un wagon   attention

2 Lis ces groupes de lettres.

voyé   vieu   billa   pion   layé   exé   uyé
vail   oyel   excu   vian   excel   tail   obsta
reuil   exi   ayu   beille   ation   veil   spect   excu

3 Lis ces mots.

mieux   une fille   la famille   un musicien
bien   les yeux   un voyage   une coquille
rien   un taxi   un gardien   un écureuil
combien   un crayon   les oreilles   un kilomètre
monsieur   une femme   un spectacle   une invitation

4 Te rappelles-tu ?

▸ Qui chante dans un concours ?
▸ Qui se baigne à la piscine ?
▸ Qui est gardien d'immeuble ?
▸ Qui a fabriqué un robot laveur ?
▸ Qui a un pyjama à rayures ?

révision des graphies étudiées p. 106 à 119   cahier : contrôle 8

• Répartir cette double page sur plusieurs séquences de lecture, en fonction du niveau de la classe.

5 Lis cette histoire.

Aujourd'hui, Belo a organisé un grand pique-nique. Tout le monde s'est baigné dans la rivière. Victor a un vieux maillot de bain à rayures. Le rat vert a eu envie de se moquer du chien, mais il avait promis d'être sage, alors il n'a rien dit.

Tout à coup, Ratus appelle Marou et Mina. Il leur montre une grenouille verte cachée sous une feuille.
– Regardez ! dit le rat, c'est la première fois que je vois une bête aussi jolie ! Elle est verte, comme moi.

Ratus est tout heureux de sa découverte.
– Maintenant, dit-il, on va faire une photo. Je suis le champion des photographes, le meilleur de tous !
Le rat vert pose son appareil sur un pied spécial.
– Vous êtes tous prêts ? demande-t-il. Attention ! Le petit oiseau va bientôt sortir.
Après avoir appuyé sur un bouton rouge, Ratus court vite se mettre à côté de Mina. Il a juste le temps de faire un sourire et « CLIC », la photo est prise.

As-tu compris l'histoire ?

1. Qui est allé faire un pique-nique ?
2. Quel animal Ratus a-t-il trouvé joli ?
3. Que fait Ratus à la fin de l'histoire ?

Tableau des lettres

a	A	*a*	*A*
b	B	*b*	*B*
c	C	*c*	*C*
d	D	*d*	*D*
e	E	*e*	*E*
f	F	*f*	*F*
g	G	*g*	*G*
h	H	*h*	*H*
i	I	*i*	*I*
j	J	*j*	*J*
k	K	*k*	*K*
l	L	*l*	*L*
m	M	*m*	*M*
n	N	*n*	*N*

o	O	*o*	*O*
p	P	*p*	*P*
q	Q	*q*	*Q*
r	R	*r*	*R*
s	S	*s*	*S*
t	T	*t*	*T*
u	U	*u*	*U*
v	V	*v*	*V*
w	W	*w*	*W*
x	X	*x*	*X*
y	Y	*y*	*Y*
z	Z	*z*	*Z*

Les cahiers d'exercices

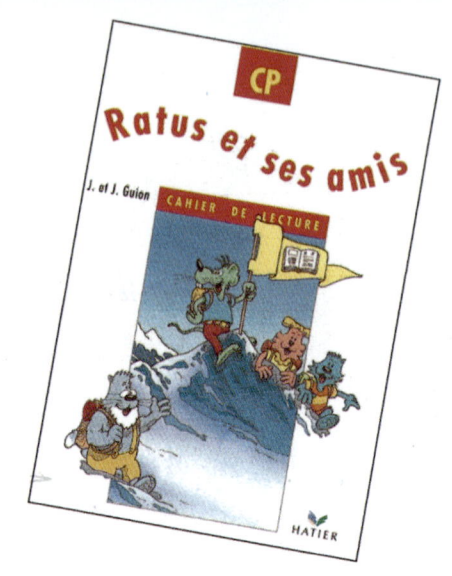

Le cahier de lecture

350 exercices très variés pour devenir un bon lecteur

Le cahier de lecture (cahier blanc) : 128 pages pour développer la perception visuelle et auditive, la compréhension, la mémoire immédiate, etc.

De la leçon 1 à la leçon 58 du manuel avec des exercices supplémentaires de soutien, un livret détachable de 16 pages (8 contrôles) et une feuille de mots à découper pour permettre aux enfants de réussir facilement les premiers exercices de lecture.

Les deux cahiers d'expression

Deux cahiers d'expression (cahiers verts) de 64 pages chacun pour apprendre à bien écrire, à acquérir les toutes premières bases de l'orthographe et à s'exprimer avec aisance par écrit.
Ces cahiers suivent la progression du manuel avec ses leçons et ses huit révisions.

CAHIER D'EXPRESSION N°1

De la leçon 1 à la leçon 27 du manuel avec les quatre premières révisions.
En encart détachable, deux feuilles de mots et éléments de phrases à découper, pour permettre aux enfants de franchir facilement les premières difficultés de l'écriture et l'expression écrite.

CAHIER D'EXPRESSION N°2

De la leçon 28 à la leçon 53 du manuel avec les quatre dernières révisions.
En encart détachable, un petit roman de 16 pages à écrire et à illustrer soi-même, sur le modèle d'un vrai livre Ratus poche ! Chaque enfant peut ainsi écrire son propre livre, couronnement de sa première année d'expression écrite.

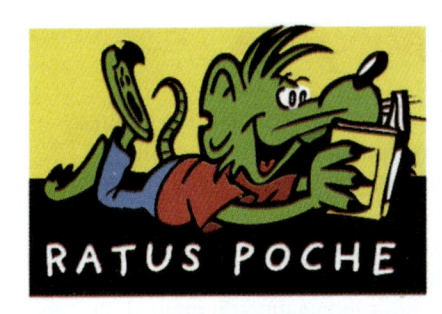

Ratus Poche

des petits livres d'histoires

à lire seul, en classe ou à la maison avec des questions de compréhension (évaluation intégrée).

de difficulté progressive

dès le début de l'apprentissage.

6-7 ans Lecteurs débutants

7-9 ans Bons lecteurs

9-12 ans Grands lecteurs

Premières lectures : deux histoires courtes par livre, pour le tout début.

Des textes de plus en plus longs : une histoire par livre (de 32 à 96 p.). Près de cent titres disponibles.

Chaque histoire raconte une aventure pleine d'imprévus et d'humour avec des personnages drôles et sympathiques :
- Ratus, le rat vert
- Sino, Fanfan, Zoé et Pédro
- Super-Mamie
- Baptiste et Clara
- Ralette, la chipie
- Mistouflette et ses copains…

À la fin du livre : des explications simples pour aider à lire.

Sur les pages de droite : une histoire que l'élève peut lire soit d'abord en entier, soit en répondant aux questions au fur et à mesure de sa lecture.

Sur les pages de gauche : des questions-dessins portant sur la compréhension du texte lu.

« La lecture silencieuse qui est l'objectif à atteindre… » Instr. Officielles.

125

le matériel complémentaire

Le guide pédagogique

Vous y trouverez :
- Les réponses à des questions posées par des maîtres.
- La description de quatre démarches différentes pour apprendre à lire avec *Ratus et ses amis,* et celle proposée par les auteurs.
- Des leçons types, des remarques, des exemples d'exercices possibles à partir du manuel.
- Des conseils pratiques pour l'utilisation du manuel, du cahier d'exercices et des petits romans de la Bibliothèque de Ratus.
- Des annexes (caractéristiques de phonèmes, mots utilisables à partir des dessins du manuel, liste de mots classés par opposition, graphèmes de base, etc.).

Les grandes images du livre en poster 60 x 80 cm

Ces grandes images permettent un travail collectif (langage, expression, écoute, etc.).
– Lot n° 1 : douze premières images et le poster de la maison de Ratus.
– Lot n° 2 : treize images suivantes (p. 28 à p. 54).
– Lot n° 3 : quatorze images (p. 58 à p. 86).
– Lot n° 4 : quatorze images (p. 90 à p. 118).

Les tableaux de graphèmes

L'ensemble de ce matériel comprend :
– 50 tableaux de graphèmes ;
– 10 supports de mots (amovibles) ;
– 120 grandes étiquettes de mots pour affichage mural.

La conception de ce matériel permet une grande variété d'exercices : affichage de longue durée d'un graphème ; affichage d'un graphème et de mots le contenant ; exercices de repérage visuel d'un graphème ; reclassement des mots en fonction d'un nouveau graphème étudié…

Le livre de lecture courante

Ralette et ses amis prolonge *Ratus et ses amis*.
- Les mêmes principes pédagogiques associent le texte et l'illustration pour favoriser l'expression.
- Des textes avec des questions de compréhension et des révisions de difficultés de lecture.
- Des contrôles pour évaluer la vitesse de lecture et la compréhension du texte lu.
- De nouveaux personnages sympathiques et drôles : Ralette la chipie, Raldo, Lili, Ratounet et les autres.

Les tampons de Ratus

Les tampons de Ratus comprennent **seize timbres à imprimer** et **un livret pédagogique** proposant de nombreux exemples d'utilisation pour développer l'expression orale et écrite et la capacité de compréhension des enfants. Exemple de saynète réalisée avec trois timbres (objectif → développer l'expression) :

RATUS ET SES AMIS

Le théâtre de Ratus

- Pour le cycle des apprentissages fondamentaux, les **cinq marionnettes** du monde de Ratus : *Ratus le rat vert, Marou, Mina, Belo et Victor.*

- Un **livret pédagogique** très riche :
– plusieurs saynètes prêtes à jouer ;
– de nombreuses idées pour en inventer d'autres ;
– des activités qui associent le plaisir du jeu de marionnettes et les aides à l'apprentissage : développement du vocabulaire, acquisition de mots nouveaux, de structures grammaticales correctes, discrimination auditive et visuelle, etc.

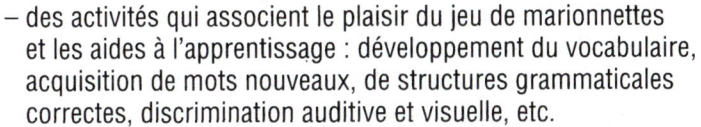

Victor Ratus Mina Marou Belo

Les bravos et les images de Ratus

- Pour encourager vos élèves sur le chemin de la réussite :
– des bons points à l'effigie de Ratus et de ses amis ;
– des images de leur héros avec un petit texte à lire.

le matériel complémentaire

Table des matières

Liste des graphèmes de base et des graphies

	pages		pages
premières compétences	4	gn + lettres muettes	58
		in, im	60
a	6	an, am, en, em	62
i	7	z, s (entre voyelles)	64
o	8	ph + liaisons	66
é	9	au, eau	68
u	10	eu, œu	70
e	11		
révision 1	12	**révision 5**	72
		ai, ei	74
f	14	e (= è)	76
s	16	fr, pr, cr…	78
ch	18	fl, pl, cl…	80
v	20	ia, io, ié…	82
j	22	car, for, pal…	84
m	24	qu, gu	86
révision 2	26	**révision 6**	88
r	28	h (+ ent)	90
ou	30	er, ez (= é)	92
l	32	gi, ge, gea, geo	94
n	34	ci, ce, ç	96
è, ê	36	er (= èr)	98
oi	38	an, on, in,…	
révision 3	40	a + n, o + n, i + n…	100
		ain, ein, oin	102
		révision 7	104
p	42		
t	44	ion, ian, ieu, ien	106
c	46	ill	108
d	48	ail, eil, euil, ouil,	
on	50	aill, eill, euill, ouill	110
b	52	y	112
g	54	w, k, ch (= k), ti (= si)	114
révision 4	56	x	116
		difficultés de lecture	118
		révision 8	120

Achevé d'imprimer par Macrolibros à Valladolid - Espagne - Dépôt légal: 07370-0/26 - avril 2015